教育相协，培根铸魂

——中学语文教学与班级德育的相融相长

沈晓清　著

黑龙江大学出版社
HEILONGJIANG UNIVERSITY PRESS

哈尔滨

图书在版编目（CIP）数据

教育相协，培根铸魂：中学语文教学与班级德育的
相融相长 / 沈晓清著． -- 哈尔滨：黑龙江大学出版社，
2023.6
ISBN 978-7-5686-0890-9

Ⅰ．①教… Ⅱ．①沈… Ⅲ．①中学语文课－教学研究
Ⅳ．① G633.302

中国版本图书馆 CIP 数据核字（2022）第 227335 号

教育相协，培根铸魂——中学语文教学与班级德育的相融相长
JIAOYU XIANGXIE, PEIGEN ZHUHUN——ZHONGXUE YUWEN JIAOXUE YU BANJI DEYU DE
XIANGRONG XIANGZHANG

沈晓清　著

责任编辑	于海燕	
出版发行	黑龙江大学出版社	
地　　址	哈尔滨市南岗区学府三道街 36 号	
印　　刷	北京虎彩文化传播有限公司	
开　　本	720 毫米 ×1000 毫米　1/16	
印　　张	17	
字　　数	228 千	
版　　次	2023 年 6 月第 1 版	
印　　次	2023 年 6 月第 1 次印刷	
书　　号	ISBN 978-7-5686-0890-9	
定　　价	68.00 元	

本书如有印装错误请与本社联系更换，联系电话：0451-86608666。

前　　言

当前,立德树人及以人为本的教育理念正在逐步深化,素质教育及基础教育课程改革不断推进。党的十八大提出"把立德树人作为教育的根本任务",党的二十大要求教育要"落实立德树人根本任务"。可见,立德树人是新时代发展教育的根本要求。为达到这一要求,要全面贯彻党的教育方针,坚持立德为本、德育为先,要注重在管理中育人,在活动中育人,在学科学习中育人,更要调动家庭、学校、社会各方面的资源和力量,真正发挥全员、全程、全方位育人的优势。

班级是联系家庭和学校的纽带,加强班级精细化管理,开展丰富多彩的德育活动,构建师生家长共成长的育人与自育模式,可以把立德树人工作落到实处。语文课程有着得天独厚的育人优势,倘若在课程的实施过程中注重文道合一,注重学以致用,创造性地把语文学习用于解决生活问题,用于解决班级管理问题,用于解决学生德育问题,必能更好地推动立德树人工作的实施。

本人连续担任班主任 24 年,一直从事语文教学工作,始终致力于班级管理和语文教学方面的研究,发现二者是相辅相成的,是既独立又统一的,对学生德育的影响是意义深远的。如果能有效利用二者的功用,使其相互融合、彼此促进,努力形成班级管理和语文教学的合力,必能把德育作用最大化,必能形成以立德树人为中心、促进学生全面发展、富有特色的教育教学模式。

本书着重从班级德育和语文教学相融相长的意义、策略和案例出发,分七个章节进行阐述:第一章是语文教学与班级德育概述,主要论述语文教学和班级德育的地位、二者的关系及相互渗透的意义;第二章谈班主任和语文教师的专业成长,分别阐述了他们的角色定位和成长路径;第三章是以文化人,主要说明了用语文熏陶教化班级全体成员的方法,着重谈在班级管理过程中如何借助语文实施对学生、家长以及教师的思想教育;第四章是以文治班,重点论述如何用语文解决班级管理的常见问题;第五章是以德促教,论述了用德育优化语文教师的教学行为,从而提升教师核心素养的几种策略;第六章是以德促学,论述了如何用德育解决学生语文学习的问题;第七章是本人在教书育人实践中将语文教学和班级德育相结合的典型案例。

本书在写作过程中力求体现以下特色:

一、符合党和国家的教育方针。能始终围绕立德树人的根本任务,着眼于学生的全面发展和终身发展,体现教育的人本精神。

二、符合现代前沿的教育理论。能与时俱进,并从教育教学的细节出发,突显教育教学的创造性和艺术性。

三、符合教育教学的基本规律。能注重实践,突出施教的实用价值;注重理论和案例的结合,把实用的教育理念和方法融入真实的活动和情境之中。典型的案例,情境式的叙述,流畅的语言,充满感情的评述,发人深省的剖析,娓娓道来、深入浅出。

四、符合广大一线教师的需求。能贴近一线班主任及语文教师的工作实际,系统、全面、创新地阐述语文教学和班级德育相互融合的意义和策略。

五、符合当今社会的舆论导向。能把家庭教育和教师队伍建设的内容纳入文中,体现"育人者先育己"的理念和师生家长共成长的思维。

最后,必须强调,本书所呈现的相关理念仍在探索之中,尚有需要改进之处,望能抛砖引玉,恳请读者不吝赐教。

目　　录

第一章 语文教学与班级德育概述

语文是集工具性与人文性为一体的学科,语言文字是载体,人文精神是内涵,语文课程独有的育人功能有助于班级德育工作的开展。因此,班主任和语文教师要匠心独运,善于将语文教学与班级德育有机结合,以语文教学服务于班级德育,以班级德育促进语文教学,巧妙地实现"教书"和"育人"的相互促进,紧密结合。

正因为语文教学和班级德育二者关系密切,有育人功能的共性和实施路径的交叉,所以我们要不断探寻二者融合的策略,要想方设法找到它们结合的关键点。语文教学在班级管理中可以发挥哪些效用,班级管理又该如何推动语文教学,这应该成为我们关注并研究的重要课题。无论是班主任、语文教师的工作计划,抑或学校教育教学工作的整体安排,都应该有意促进二者的结合,以达到教书育人上一举多得的目的。

校方要总揽全局,积极调动更多的语文教师从事班主任工作或参与班级管理。因为语文教师一般都情感丰富、语言表达能力强、善于与学生沟通,他们可以采用多种方式灵活引导学生形成正确的世界观、人生观、价值观,对学生不仅能做到学习上的"扶智",还可以做到精神上的"扶志"、品行上的"扶德"、心理上的"扶健"。如能把语文教学的理念和方法融入班级管理之中,不仅可以发挥语文教师的职业优势,实现人尽其力,也可以促进学生的全面发展,真正做到立德树人。

要实现语文教学与班级德育的有机融合,必须深化认识,高度重视语文教学和班级德育在学生成长过程中的重要意义及二者之间的密切联系。

第一节　语文教学的基础性地位

《义务教育语文课程标准（2022 年版）》（以下简称《课程标准》）指出："语言文字是人类社会最重要的交际工具和信息载体，是人类文化的重要组成部分。"语文是表情达意的工具，是思维和想象的工具，是学习能力的基础，更是今后从事工作的基础。《课程标准》还指出："工具性与人文性的统一，是语文课程的基本特点。"这一性质决定着语文在各学科教育乃至在学生个人成长中的地位的举足轻重。语文作为众学科之基础，对学生德智体美劳的全面发展起到至关重要的作用。

一、语文是学科学习的基础

语文好的学生普遍理解分析能力强，表达再现能力强，质疑思辨能力强。这些核心素养除了直接影响其他学科学习的能力水平，也必将影响学生的终身发展、全面发展。中学生可塑性强，其生理和心理都处于飞速成长的黄金时期。在这一阶段，学生的语文学习有了一定基础，理解能力和接受能力都在不断增强，是施教和受教的关键时期。作为语文教师，要有意识地唤起学生学语文、用语文的兴趣，为学生的语文学习打下一个良好的基础，要让语文学科真正成为学习、工作、生活的工具，发挥好语文的工具性和基础性作用。

二、语文是人文素养的载体

语文教学内容涉及古今中外文化经典,可全方位、多角度陶冶学生性情。在语文学习中,学生可以感受到传统文化的厚重,可以受到革命精神的洗礼,可以感受时代精神的召唤,可以在品质、品格、品行上得到熏陶和影响。要发挥好语文教学的人文性作用,就不能把语文教学只局限于语言层面的讲解,不能只是进行字词句篇的训练,而是必须建立在"精神教育""文化本体教育""个性自我的形成教育"等的基础之上。

三、语文是生存发展的必需

生活处处有语文,小到孩子咿呀学语时的一声"爸爸""妈妈",大到国家重大方针政策的出台、修订,从平时人们日常生活中的问候、对话,到工作中的计划、总结、反思和交流,还有编剧们的剧本、演员们的台词、商家们的营销、写手们的文案,哪一样不需要语文呢?各行各业,方方面面,语文早已经渗透于日常学习、工作和生活的时时处处。语文对个体的成长、集体的发展、国家的进步、民族的复兴都是必需的。因此,我们更要将"以人为本"的理念落到实处,关注学生的个性、情感和道德发展情况,让语文教学唤醒学生的美好心灵,使语文教学服务于学生的全面健康发展。要在教学中体现"一切为了每一位学生的发展"的教育理念,使语文教学淋漓尽致地展现人性的魅力和对生命的关爱。

第二节　班级德育的重要性地位

斯霞老师曾说："智育不好是次品，体育不好是废品，德育不好是危险品。"可见，德育是学校教育的重中之重，是学生成长的关键因素，对学生智、体诸多方面的发展起着不可忽视的作用。班主任是学校德育工作的中坚力量，抓好班级管理，提升班级德育水平，有深远意义。

一、班级德育是学校德育的重要组成部分

班级是学校的基本组织单位，各个班级的德育水平直接影响全校德育工作的质量。在一个班集体中，学生的个体素质会影响整个班级的精神风貌、人际关系、学习风气、综合成绩。抓好全体学生的思想教育工作，引导他们树立正确的世界观、人生观、价值观，是班主任工作的基本内容，需要班主任深入学生内部，了解学生的特点，积累育人的经验，营造积极的氛围，构建和谐的集体。各个班级的德育水平提高了，整个学校的德育水平便提高了。

二、班级德育是学生健康成长的基石

班级是学生成长、成才的摇篮。刨除睡眠时间，一个学生在班级的时间，与同学、老师共处的时间甚至超过和父母在一起的时间。要让每个学生健康成长，班级这个大环境就必须风清气正，积极向上。我们要让学生在健康的集体环境和舒畅的心理氛围中，通过多样的人际交往、

丰富多彩的自主活动,获得健全、充分、全面的发展。要营造一个友善、民主、平等、相互理解、积极进取的德育氛围,就应抓好班级德育工作,使班级真正成为孩子们成长的摇篮,使德育成为学生们成才的助力。班级德育一定要贴近生活、贴近学生,方法要有针对性,过程要有实效性。

三、班级德育是教师管理智慧的体现

班主任的专业水平、敬业程度,直接影响着班级管理的效果。一个班级的师生关系是否和谐、学生品行是否高尚、班级管理是否精细、班规建设是否完善、实践活动是否创新、文化氛围是否浓郁、学科成绩是否优异等,都取决于班主任的引领。某种意义上说,语文教师做班主任,在学生德育培养方面大有可为。因为语文课程资源丰富,人文内涵厚重,将其合理开发用于学生德育,便可实现教书和育人的双管齐下。

第三节　语文教学和班级德育的关系

语文教学和班级德育是相辅相成、相互促进的关系。《课程标准》的总目标指出:"在语文学习过程中,培养爱国主义、集体主义、社会主义思想道德,逐步形成正确的世界观、人生观、价值观。"语文工具性与人文性统一的特质,决定着它既肩负着智育又肩负着德育的双重任务。语文教学和班级德育完全可以并驾齐驱,互相补充。为此,我们应该重视并努力形成语文教学和班级德育的相融相长:加强德育创新的研究,使德育工作更好地服务和促进语文教学的改革发展;加强语文学科德育渗透的实践,使语文教学成为学生德育的重要途径。

一、语文教学内容是班级德育的源源活水

作为人类文化载体的语文，本身就有着丰富的人文内涵。它们或揭示了深刻的人生哲理，或闪耀着真理的光芒，或渗透着人性的美好……这些都是面向全体学生开展德育的大好资源，这就要求教师在语文教学中引导学生透过形形色色的文字符号，去体味其中蕴含的情和意。

"教育就是唤醒"，在班级德育中，语文教师一定要充分发挥自身专业优势，挖掘好语文教学中的德育资源，唤醒学生的美好心灵。比如：我们学习老舍的《济南的冬天》、汪曾祺的《端午的鸭蛋》《昆明的雨》，其中对乡情的体味就可以唤起学生爱家乡的情愫；学习陆游的《十一月四日风雨大作》、文天祥的《过零丁洋》、范仲淹的《岳阳楼记》、杜甫的《春望》，诗词佳作中蕴含的英雄气节和悲悯情怀是教育学生的良好素材；学习杨振宁的《邓稼先》、毛泽东的《纪念白求恩》、鲁迅的《藤野先生》，名人伟人笔下的了不起的人物成了语文教学中的经典，通过引导学生去体会人物的无私无我、大爱大格局，从而塑造学生的高尚人格；学习史铁生的《秋天的怀念》、杨绛的《老王》、李森祥的《台阶》，寻常小人物的身上也闪烁着人性的光辉。还有许多传统文化经典，比如《论语》中有学习和修身的方法、《孟子》中有舍生取义的气节、《庄子》中有淡泊超脱的情怀……可以通过我们的慧心妙手，把这些经典的智慧传授给学生，努力告别以学科为本位的语文教学，绝不能让语文教学成为脱离德育的无本之木、无源之水。

二、班级德育管理是语文教学的实践阵地

正所谓："教无定法，贵在得法。"教学如此，德育亦然。班级德育的策略也要因时、因地、因人而异，方法灵活多样，贵在科学有效。在语文学科中渗透德育可以课堂教学为实施途径，传播家国情怀、人性光辉、传

统美德、自然和谐等思想。某种意义上说，班级德育的实施过程少不了语文学科的人文滋养，而语文学科的价值体现也少不了班级德育这个实践阵地。所以，我们的育人目标要更明确，方法要更灵活，要让德育成为语文所教、所学、所用的指向和落脚点之一。比如班级文化建设中涉及的"班级名片"制作、"特色班歌"作词、"班级规则"制定、"班级口号"设计，以及各种活动的开展、大事小情的宣传、相关会议的主持、阶段性的计划和总结等，都要有意识地让学生用好语文，要让学生在这些积极的情境和实践中增强文化自信，提高语言文字运用能力，发展思维能力，培养审美情趣，提升思想文化素养。总之，德育是教育目的，语文是教育手段，这样就达到了教学与教育的有机结合。

三、坚持语文教学和班级德育的共生共荣

《课程标准》的课程理念指出：要立足学生核心素养的发展，充分发挥语文课程育人功能，要遵循学生身心发展规律，以生活为基础，以语文实践活动为主线，以学习主题为引领，以学习任务为载体，要突出课程内容的时代性、典范性，重视对学生思想感情的熏陶感染作用，重视价值取向，突出社会主义先进文化、革命文化、中华优秀传统文化。《课程标准》课程实施的教学建议中指出：立足核心素养，彰显教学目标以文化人的育人导向，把立德树人作为语文教学的根本任务。

《课程标准》的这些理念与班主任德育工作强调的内容具有一致性。

《中小学班主任工作规定》的总则指出：班主任是中小学日常思想道德教育和学生管理工作的主要实施者，是中小学生健康成长的引领者，班主任要努力成为中小学生的人生导师。《中小学德育工作指南》基本原则中强调：坚持遵循规律。符合中小学生年龄特点、认知规律和教育规律，注重学段衔接和知行统一，强化道德实践、情感培育和行为习惯养成，努力增强德育工作的吸引力、感染力和针对性、实效性。《中小学德育工作指南》实施途径中明确指出：充分发挥课堂教学的主渠道作用，将

中小学德育内容细化落实到各学科课程的教学目标之中，融入渗透到教育教学全过程。

"教学永远具有教育性"，这是教学活动的一条基本规律。语文课程有独特的育人功能，更要发挥好其学科优势，以丰富的人文精神滋养学生、教化学生。而以学科为本位的传统语文教学模式，从根本上失去了对人的生命存在及其发展的整体关怀。脱离了德育的语文是无本之木、无源之水。要处理好语文的教与育，就要在班级德育管理中激发语文学习的热情，发挥语文学习的作用，实现语文学习的意义。要彻底扭转以往"目中无人"的教学局面，必须进行价值本位的转移，即由以"学科为本位"转向以"人的发展为本位"，注重学生的精神成长，使语文教学充满人文关怀。

语文教学与班级管理的有效结合是实现学生智育与德育共同发展的重要手段。二者有机、有效结合需要我们充分认识其实施的目的、内容和意义。中学语文教学目的有三：一是通过教学赋予学生听、说、读、写的基本语文能力，二是对学生进行爱国主义、社会主义、集体主义教育，三是培养发展学生的思维能力。因此，以传授语文知识、培养语文能力、进行思想教育为重任的语文教学对促进学生形成正确的价值观、高尚的道德观发挥着重要作用。

班级德育管理包括班级制度建设、思想道德建设、学生干部培养、学习质量管理、班级活动开展、档案资料管理等内容，要通过精细化的管理把立德树人的工作落到实处。加强班级德育，有助于学生养成良好的行为习惯，端正学习态度，实现德育的目的。要寓语文学习于德育管理之中，走出"只教不育""教育失调"的误区。要在教学过程中融入思想道德教育，潜移默化地影响学生，也要在班级德育中实践语文课程，于无形中实现智育与德育的齐抓共管，同步提升。

综上所述，语文教学和班级德育二者融合，可互利互惠，相互促进。广大语文教师及班主任，便是二者结合之媒，要有科学的教书育人理念，要有乐于探索、勤于钻研的精神，要以教书育人的慧心、求真务实的决心,让语文落地,让德育开花。

第四节 语文教学和班级德育相互渗透的意义

语文教学和班级德育在学生全面发展和终身成长过程中有不可替代的作用,然中学语文教学和班级德育现状并不尽如人意。

"双减"政策下的课程改革不断深入,中学语文教学三维目标中的"情感态度和价值观"维度目标在我们的日常教学中日益突显,但方式单一、力度不够,依然存在着"分数至上"的唯智思想。基于"分数至上"的教学观念,语文教育工作者往往会格外重视语文学科工具属性的发挥和落实,而忽视语文人文价值的挖掘和提炼,没能很好地发挥语文在德育方面的作用。

在班级管理方面,部分语文班主任并没有发挥好自己的学科优势,忽略了语文在育人和管理上得天独厚的优势,依然墨守成规,没有创新,班级文化氛围不浓,人文关怀不够。语文教学和班级管理成了两份独立存在的工作。其实二者完全可以交融互利,这样必然会产生一举多得的效果。一些非语文教师的班主任,没有很好地发挥同事间的协作作用,班级德育工作理念滞后,方法刻板,创造性差,造成学生语文学科的整体素养偏低。

基于上述不足,我们更应充分认识语文教学和班级德育相互渗透的意义。

一、利于学生品德能力的培养

一方面，在语文教学中实施德育，不仅可以提升学生的语文核心素养，更重要的是可以提高学生的道德情操。语文课程中有取之不尽的德育资源，如：传统美德教育——孝悌、谦谨、礼义、诚信，革命传统教育——五四精神、长征精神、抗战精神，社会主义核心价值观教育——诚信友善、爱国敬业。这些宝贵的精神财富通过语文教学根植于学生的内心，外显于学生的行动，对学生的终身发展都会产生积极影响。

另一方面，鼓励每个学生在班级生活中用好语文，在用语文的过程中提高学生认知，引发学生对语文学习的重视，促进他们去探索、去合作、去创新、去思辨，提高参与者的思维水平、管理水平、交际能力，加强合作精神。

所以，语文教学、班级德育双管齐下，相融相长，便是对学生全面发展负责，为学生终身发展奠基。

二、利于良好班风、学风的形成

语文教学与班级德育的融合可以促进良好班风、学风的形成。在语文教学中，要注重挖掘教材对学生情感态度与价值观的引导作用，并通过具体的班级活动，在活动设计、集体教育中，引导全体学生辨别是非美丑、分清善恶廉耻，使学生洁身自好，保持人性的美好，形成风清气正的班级氛围。

在班级管理中，有意识、有方法并持续地强化语文的实用功能，让学生在集体规章制度的建设中、班级日常事务的管理中、各类活动的开展中、特色文化的建设中体悟语文的重要性。如此更能促进学生学语文、用语文，继而发挥学科间的互动互通作用，促进整体学风的改善。

三、利于学校教育质量的提升

班级是组成学校的基本单位,班级的学风、班风好了,相继而来的就是学生成绩的普遍进步、教师业务的迅速成长、学校育人水平的整体提高。作为校方,应采取多种措施,如物质激励、精神表彰、经验交流、典型示范、教育科研等,推进促成这种教育模式的构建。要有计划地建立学年的实验班、标兵班,起到以点带面的辐射作用。对于班主任为非语文学科的班级,可以语文教师为副班主任,或依托语文教师的力量,做好师生、师师间的"教书"与"育人"的协作。

新课改背景下的语文教学应该与班级德育有机地融合在一起。既应充分发挥语文学科人文性的作用,"寓德育于语文教学之中","在传授知识的同时渗透思想教育",发挥好教育立德树人的基本功能;又应大力发挥好语文工具性的作用,利用在语文学习中形成的知识和技能,建设优秀班集体;更应创造性地发挥集体教育的优势,在班级德育管理中想方设法促进全体成员语文综合素养的形成和提高。要想办法使语文教学与班级德育的有机融合理念落到实处,使学生获得情感的熏陶、精神的充盈、知识的丰富、意志的锤炼、品格的提升。

第二章 班主任和语文教师的专业成长

第一节 班主任和语文教师的角色定位

班主任和语文教师工作岗位不同,工作性质各异,但其工作内容和优势却有共性和交集。无论是班级德育管理还是语文课程实施,都具有实践性、生活化的特征,都以立德树人为根本任务,都要在实践中坚持对学生进行思想品德的培育和良好人格的塑造。

一、班主任的角色意义

班主任是中小学日常思想道德教育和学生管理工作的主要实施者,是全面负责一个班级学生思想、学习、健康和生活等的组织者、领导者和教育者,也是一个班级全体任课教师教学、教育工作的协调者,更是沟通学校与家庭、社区的桥梁,是学校发展的核心力量。

班级管理的好坏关键在于班主任工作态度如何、教育水平高低以及教育方法是否得当。要想抓好学生管理,形成良好的教学秩序,提高教育教学质量,班主任的素养尤为重要。一个班级如果没有好的班主任,一个学校如果没有打造出一支素质好、业务精的班主任队伍,那么学校的教育教学管理将涣散无序。班主任工作的质量直接影响着学校育人目标的实现,直接影响着学生的健康成长,加强班主任队伍建设是坚持育人为本、德育为先的重要体现。因此,班主任队伍的建设是学校师资队伍建设的重要内容,在学校管理总体工作中的地位举足轻重。

二、语文教师的角色意义

语文教师肩负着传承中华民族优秀文化的重要使命,承担着引导学生学习运用中国语言文字、修身立德、学会做事的重大责任。所以要不断适应新时代背景下社会发展对语文教师提出的新要求,做到守正创新、传承发展,充分发挥语文学科工具、钥匙、标尺的作用,要让每个学生在学习中获得语文知识并实现精神上的成长,成为文化上的有根之人、生活中的有德之人、工作中的有才之人。

语文教师的工作性质决定着其在学生思想教育方面有着其他学科教师不具备的优势,在德育工作中若能把语文教师的底蕴利用好,把语文教师的风采展示好,把语文教师的优势发挥好,定能更好地促进学生个体的成长,更好地促进班级德育工作乃至学校德育工作的开展。

我们虽然强调"全员育人",但不可否认在一所学校的众多育人角色中,班主任和语文教师更利于发挥职业优势,对学生进行情感态度与价值观的引领,更容易对学生实施思想教育,塑造其良好人格。可以说,班主任和语文教师的专业成长、内在修养、教育教学能力对于一个班级的教育教学工作有重要影响。学校应该把握全局、找准着力点,在加强班主任队伍建设的同时,关注以语文教师为代表的其他德育力量的培养。

第二节　班主任和语文教师的成长路径

一、加强班主任队伍建设

学校要认真贯彻落实好《中共中央 国务院关于进一步加强和改进未成年人思想道德建设的若干意见》，高度重视班主任选聘工作，完善班主任队伍建设制度，要选择思想素质好、业务水平高、奉献精神强的优秀教师担任班主任。在班主任的培养上要结合校情，因地制宜、因人而异，科学有序地开展班主任队伍的梯队建设工作。

（一）"层级分明"的培养目标

1.总体目标

学校要有班主任队伍建设上的总体目标，要结合《中小学德育工作指南》《中共中央 国务院关于进一步加强和改进未成年人思想道德建设的若干意见》《中共中央 国务院关于全面深化新时代教师队伍建设改革的意见》等文件精神，结合校情，因地制宜、因材施教，确立适合本校的目标。培养目标要有针对性、可行性、系统性、发展性。

2.具体目标

（1）增强班主任岗位的吸引力。要以班主任为本，注重活动开展、人文关怀、物质奖励、精神引领。采用各种方法，提升班主任的职业认同感,增强班主任的成就感,使班主任收获幸福感。

(2)加强班主任的职业道德建设。打造一支师德水平高、思想素质硬的爱岗敬业、乐于奉献的班主任队伍。

(3)加强对班主任的业务能力培养。长期开展专题学习培训,定期开展主题经验交流,鼓励开展科研等活动。

(4)健全班主任队伍建设机制。努力实现老、中、青结合,提高语文班主任的比例,优化班主任队伍结构。

3.个体目标

学校要统一组织,动员全体班主任,鼓励、指导他们根据个人实际,围绕学校教师队伍建设的总体目标,制订个人专业成长规划。

个人规划的定位要准、站位要高、方法要对。规划的内容应该大体囊括三方面的内容:"自我分析""目标定位""实施策略"。"自我分析"包括"个人优势"和"工作短板"两方面,要求在制订规划前能够客观公正地剖析自己,理性地看待自己的优势与不足;"目标定位"要切合实际、明确具体、合理有序,可以有细致的分类,便于日后落实和反馈;"实施策略"要切实可行,讲究的是思路要清、内容要细、做法要实、理念要新。

个人规划的制订可以以文字形式阐述,也可以用表格的方式呈现。为方便查阅和管理,学校可以统一为班主任制定"班主任个人成长规划表"(见表2-1),如空间不足,可另附页。

表 2-1　班主任个人成长规划表

姓名			性别		学历	
职称			教龄		学科	
个人分析	优势分析					
	不足分析					
个人发展目标	第一阶段					
	第二阶段					
	第三阶段					
具体措施						
对标评估						

（二）"科学全面"的培养思路

遵循"三个面向"和"三个坚持"，着眼于全体教师，普遍培养，重点选拔，做好班主任队伍的梯队建设工作。

"三个面向"的思路：

1.实施面向全体班主任的培养；

2.做好面向弱势班主任的培养；

3.延展面向后备班主任的培养。

"三个坚持"的思路：

1.坚持师德为先；

2.坚持能力为重；

3.坚持语文为辅。

（三）"与时俱进"的培养策略

策略一：学榜样，做先进，身正为范有底线。

学校要定期在班主任中开展加强师德师风和职业道德的学习。可以积极宣传教师队伍中道德模范和教育名师的事迹，包括教育界的楷模，如魏书生、任小艾、李镇西、朱永新等，也包括教师身边的同行、同事。通过学习材料、观看视频、交流心得等各种方式，了解榜样人物的先进事迹、育人方法，学习他们的成功经验，感受他们的光辉形象，效仿他们的师者风范。让全体班主任学有楷模，行有标杆。

还要在班主任中开展相关的法律法规的学习，特别是《中华人民共和国义务教育法》《中华人民共和国未成年人保护法》《中小学教师职业道德规范》。要让班主任既有专业素养，又有道德尺度，追求业务精湛、人格完善。要让班主任具备美好的人格魅力，并能以美引真、以美储善。

策略二：多读书，勤实践，"五个一"坚持有质量。

苏霍姆林斯基曾指出："读书，读书，再读书，教师的教育素养的这个方面正是取决于此。要把读书当作第一精神需要，当作饥饿者的食物。"

教师读书能对学生产生榜样引领作用，带动学生读书，教师多读书也是保证教育教学质量的前提。班主任好读书、读好书的意义更加深远，无论是对自我核心素养的提升，还是对学生成长的引领，以及对学校书香校园的建设都有推动作用。

加强班主任队伍的建设，必须要在班主任中开展读书活动。

要坚持开展好"五个一"活动：每学期拟一份读书计划，读一本专业书籍，写一篇读书体会，做一次读书分享，实施一次读书实践。

学校要对班主任的读书情况进行量化考核，对教师的读书计划、心得体会、分享材料、实践情况进行公开展示和分类存档。要用各种方式去督促班主任读书、激励班主任读书。要把班主任作为书香校园建设的生力军和名篇佳作的领读员，要以班主任为核心和引领，带动各个班级和全体学生读书。真正实现让读书提升班主任的专业素养，使其生成专业智慧，构建专业精神，建立教育信仰，提升他们的人生境界，做到真正享受教育过程。

策略三：老带新，新促老，梯队建设有保障。

打造班主任队伍专业成长序列，加强学校班主任队伍梯队建设，让更多有能力、有积极性的年轻教师加入到班主任队伍中来。学校要促进班主任在政治素质、业务素质、心理素质、教育能力及研究能力上的积极提升，努力打造一支结构优化、责任心强、业务能力精、勤奋、务实、高效的班主任团队。学校要持续开展"老带新，新促老"形式的班主任"蓝青工程"。发挥资深班主任的引领作用，鼓励青年教师谦虚诚恳、拜师学艺、刻苦钻研、取人之长，守住初心、勇担使命，在实践中不断学习，不断锤炼自己，激流勇进、与时俱进，站稳讲台、管好班级，更好地适应班主任工作，快速成长，积极作为，并在工作中提升自身素质，增强责任感，使班主任队伍的更新进入良性循环状态。

要做到有序、持续地在班主任队伍中开展"蓝青工程"，做好"师徒结对"，就必须保证活动方案的设计要周密，活动记录要翔实，活动考评要合理。

"蓝青工程"系列之班主任"师徒结对"实施方案

一、指导思想

优化班主任队伍素质,充分发挥骨干班主任的传、帮、带作用,促进青年班主任快速、健康成长,实现学校德育工作的持续、健康发展,以梯级班主任培养工程为依托,以师徒结对为基本形式,提高青年班主任的育人水平和班级管理能力。

二、结对对象

1. 30周岁以下的青年教师和40周岁以上的优秀班主任。

2. 30~40周岁间的渴望提升专业素养的班主任。

三、结对条件

1. 班主任师父的条件:愿为学校师资队伍建设助力,有高度的责任心和奉献精神,师德优秀,作风踏实,经验丰富,班主任任龄10年以上;获评过市级及以上优秀教师,或获评县级优秀教师3次以上。

2. 班主任徒弟的条件:思想上进,谦虚好学,班主任任龄在3年以下的现任班主任或有意担任班主任的青年教师。

四、结对目标

教学相长,共同进步:师父要由技能型、智慧型的班主任成长为科研型、专家型的班主任;徒弟要由学习型、知识型的班主任成长为技能型、智慧型的班主任,要努力实现从"站稳讲台"到"站好讲台"的转型。

五、师徒职责

1. 师父"三带"

带师魂,敬业爱岗、无私奉献;带师能,班级管理、教育科研;带师表,学高身正、以身作则。

2. 徒弟"三学"

学精神,潜心育人、扎根一线;学本领,因材施教、管理有方;学立身,德为高标、行为世范。

六、具体要求

1. 师父要求

（1）指导徒弟加强业务知识学习，提升专业底蕴。

（2）指导徒弟尽快熟悉学校制定的班级管理制度。

（3）指导徒弟进行班委会、家长委员会的组建和管理。

（4）指导徒弟培养班干部，加强班级常规管理。

（5）指导徒弟上好班会课，加强班级德育。

（6）指导徒弟建设班级文化，组织开展班级活动。

（7）指导徒弟做好与科任教师、家长、学生之间的沟通，掌握后进学生的思想转化工作的基本技巧。

（8）指导徒弟参加各级各类班主任技能评比活动。

（9）指导徒弟制订德育计划、进行总结反思、撰写德育论文、尝试课题研究。

（10）填写指导记录（见表2-2），整理好过程性材料。

2. 徒弟职责

（1）向师父看齐，虚心学习师父的立身、立言之道。

（2）主动求教，向师父学习班级管理方法，做好学习记录。

（3）每周深入师父班级1次，感受班风学风，寻找差距，取长补短。

（4）每学期听师父班会课4次，掌握开班会的技能。

（5）在师父指导下，加强班级常规管理，做到脑勤、眼勤、口勤、腿勤。

（6）参与师父班级的育人活动，进行现场学习观摩。

（7）每月提交1份教育叙事，记录班主任心路历程。

（8）学期末上交1份"师徒结对"心得。

（9）深入了解学生，密切家校联系，每学期家访10人。

（10）在师父指导下，做好班级德育计划、总结反思，积极撰写论文，力争开展课题研究。

七、考评办法

1.考核小组：由学校领导和师父组成。

2.考核办法：采取过程性考核和终结性考核相结合的方式。

一看材料：评委查阅平时帮带结对资料，了解班主任师徒平时的工作态度和帮带结对活动情况。

二看测试：对班主任师徒进行技能测试，测试结果纳入考评。

三看活动：查看班级开展活动的记录及相关佐证，对参加县级以上或自发组织的特色活动的予以加分。

四看综评：对标评估，综合学校班主任考核办法，看班级教育教学水平。

3.考核奖励：对于师徒结对中表现出色的师徒颁发证书、奖品；考核酌情加分，评优优先考虑。

表 2-2　"蓝青工程"系列之班主任"师徒结对"指导记录

指导人		被指导人	
指导时间		指导地点	
指导内容			
指导效果			

在师徒结对活动中一定要有仪式感，这样才能更好地激发师徒双方的责任感和使命感，也能使师父获得成就感和荣誉感。一方面可以举行隆重的"结对仪式"，另一方面可以签订"结对协议"（见表 2-3），然后可

以公示、公开宣传，为后续活动的开展奠定基础。

表 2-3 "蓝青工程"系列之班主任"师徒结对"协议

师父信息	姓名		性别		政治面貌		出生年月	
	学历		职称		任教时间		任教学科	
	课题研究				曾获荣誉			
徒弟信息	姓 名		性 别		政治面貌		出生年月	
	学历		职 称		任教时间		任教学科	
	课题研究				曾获荣誉			
师徒结对协议	现决定＿＿＿＿＿和＿＿＿＿＿建立传、帮、带的师徒关系。结为师徒后，师徒双方须认真履行相应职责，以达到互学、互帮、共同提高的目的。本协议为期两年，自师徒双方签字之日生效。 师：＿＿＿＿＿（签名） 徒：＿＿＿＿＿（签名） 　　　　年　　月　　日							

策略四：学语文，做科研，成长进步有抓手。

无论是班主任的个人成长还是班级管理，都离不开语文，所以也要重视对班主任进行语文基本功的培训。一要引导班主任用语文中的

"听"去倾听学生、家长、社会的呼声和心声;二要引导班主任用语文中的"说"去引导学生、教化学生;三要引导班主任用语文中的"读"去广泛阅读、丰富学识;四要引导班主任用语文中的"写"去总结反思、阐述经历与经验,进行个人成果展示和课题研究。当然,在班主任的成长中,语文还有更多的作用。因此要启发、引导班主任自主提升语文能力,尤其要把语文能力中的写作纳入对班主任的培训中。

要做好对班主任科研工作方法的培训,让班主任掌握课题研究的基本方法。要促进班主任对工作中的重点、难点和热点问题的深入系统研究,通过研究探寻对应的方法和对策。学校要鼓励班主任积极申报德育课题,引导班主任在学习状态下工作,在研究状态下提高,切实增强班主任的科研意识和科研能力。

策略五:搭平台,展风采,幸福成长有空间。

搭建"班主任工作论坛""班主任基本功大赛""教育案例评比""主题班会课展示"等竞赛训练和展示平台,达到以赛促训、展示风采的目的。同时在学校电子屏、宣传栏、微信公众号,当地官方的教育信息平台、融媒直播平台等媒体广泛宣传,促进班主任间的学习交流。

策略六:走出去,请进来,求取真经有保障。

学校要积极为班主任创造学习机会,除了向书本学、向师父学、向榜样学,更要向先进学校学经验,向先进教师学方法。要支持教师多走出去看看,也要请来专家多给教师讲讲,用走出去、请进来的方式助力班主任成长。要"走得出去",学校就要注重培训经费的合理分配使用,要有专项的德育培训经费;还要让优秀的教师走出去,这样才能取回真经、学到真知,起到典型示范、学以致用、实践推广的作用。要"请得进来",可以采用多种方式,我们也提倡请当地名师给大家做培训,这样的学习更接地气,更便于效仿。

策略七:搞评比,重激励,认真履职有动力。

强化班主任考评机制。定期考核班主任工作,建立班主任工作档案,记录班主任工作成长轨迹和绩效评价。建立各类班主任荣誉系列评选体系，发挥榜样激励和典型示范作用，营造以从事班主任工作为荣的良好氛围。各类先进推荐、荣誉称号的授予与教师绩效考核和职称晋升挂钩。学校要在福利待遇、绩效评优、职称（职务）晋升等方面，向班主任特别是长期担任班主任的教师倾斜。

二、加强语文教师队伍建设

教育的首要任务在于"育人"，"育人"不仅指教授学生文化知识，更重要的是培养学生健全的人格。虽然各学科都会对学生的三观产生一定的影响，但不得不承认语文学科是学科育人价值突显的主阵地。

语文学科的性质决定了任课教师必须要有比较全面的知识、更加高尚的情操、相对专业的能力。要有正确的教育观、质量观和人才观，具备实施素质教育的自觉性；要有为人师表、敬业爱生、为国育才的大格局；要好读书、求上进，有深厚的文化功底和扎实的教学基本功；要与时俱进，掌握必要的现代教学信息技术手段；更要有乐于钻研、勇于创新、善于育人的本领。

语文教师们的价值不仅仅是传授语文知识、培养学生的语文技能，他们和班主任一样都是落实立德树人根本任务的主力军。在"双减"背景下，如何有效推进新一轮课程改革、如何充分发挥语文学科的立德树人作用等问题，在施与语文教师压力和责任的同时，也赋予了语文教师动力和使命。

所以，一所学校语文教师的专业能力和育人水平至关重要。学校应该把语文教师的功用发挥得淋漓尽致，有意识地培养并挖掘语文教师的育人能力，充分发挥语文学科在教师专业成长、学生全面发展中的作用。

（一）因人而异，设计多元的培养目标

学校要设计好语文教师专业成长的目标，有效推进对语文教师的培养计划。

1.品德修养:有坚定的政治方向,热爱祖国,钟情于语文教育事业,对教师职业有神圣感、责任感、荣誉感和使命感。内外兼修,为人师表,努力做到举止优雅、谈吐高雅、气质儒雅。能以身作则,洁身自好,以德服人,以身立教,成为学生学习的楷模。能悦纳自我,爱岗敬业,严于律己,具有正确的世界观、人生观和价值观。能努力成为塑造学生优秀品格、品行、品味的"大先生"。

2.理论修养:除了必备的教育学、心理学知识外,还需要掌握语文教学理论。要求人人都能对《课程标准》进行深入解读。

3.语文功底:要具备较好的语文学科素养。包括语言学系列知识储备,含语言学概论,古代汉语、现代汉语的基本知识;文学系列知识储备,含古代文学、现代文学、当代文学、外国文学等知识;具备文章写作理论常识,对于各种文体要有准确把握的能力;要有扎实的语文教学基本功,含讲标准普通话的能力、口语交际能力、汉字书写特别是粉笔字的书写能力、写作表达能力、案例设计和分析能力等。

4.教学水平:能熟练地使用现代信息技术进行教学设计、课件制作、专业学习网站建设等;能精心创设学习环境,丰富教育教学形式;能因材施教,全面提升学生的语文核心素养。

5.科研能力:要培养语文教师的探索精神和科研能力,使其能从实际出发,从小课题做起,克服困难,加强主题研修。做到人人有课题,人人真研究,使更多教师向开拓型、科研型、创新型的方向发展。

6.名师引领:注重语文名师的培养,建立学校的"名师工作坊";在学校公众号中,开辟"语文芳草地"专栏,作为语文学习交流、展示宣传的平台;发挥好名优教师的传、帮、带作用,积极开展语文学科"师徒结对"活动。

(二)对症下药，实施科学的培养策略

1. 以活动为载体，弘扬正气，坚定职业信仰

(1)在语文教师中开展"亲近中华文化"活动。

中华优秀传统文化是整体之学、身心之学、素质之学。对中华优秀传统文化"向内看、向前走"的研习，是成为"四有"好老师的有效途径，是涵养高尚师德的必经之路。蒙曼教授曾在《中国诗词大会》上说："亲近什么，都不如亲近文化。"因为文化里有我们的精神、我们的根，是我们心灵的栖息地。

在语文教师中开展"亲近中华文化"活动形式要多样：可以组织大家定期聆听"传统文化讲座"，感受先人的智慧哲思；可以让大家分享生活中所见的文化名胜、所经历的文化雅事，感受文化的无处不在；可以组织教师搜集整理资料，开办"中华文化大讲堂"，感受文化的博大精深；可以鼓励教师展示才艺，再现文化魅力。要通过各种办法，让教师们感受中华诗文音韵之美、情理之深，中华建筑造型之美、功用之妙，中华书画形神之美、流传之广。要让教师们在使用、欣赏和传承文化的过程中，增强文化认同、文化敬畏和文化自信。

"观乎人文，以化成天下"，文化理应与人共同进化。要让传统文化焕发活力，需要语文教师薪火相传，在感受文化魅力的基础上，亲近文化。学校应多措并举，唤醒每一位语文教师的使命感，即肩负着传承中华文化的重任。教师们在文化认同的基础上增强了职业认同，从中收获的是责任感、荣誉感、幸福感和存在感，也就达到了悦纳自我、乐学善教的目的。

(2)在语文教师中开展"走近语文大师"活动。

高山仰止，景行行止，虽不能至，然心向往之。语文教学是个大世界，要引领教师们跟着名师去看，看这些"语文大先生"身上的教育本领和人格魅力。为自己树立职业偶像并见贤思齐，努力向先生学习。

可以引领教师们走近于漪老师。

于漪老师是精心育人的一代师表,是潜心教改的一面旗帜,是"四有"好老师的杰出代表,是值得全国人民敬重的"大先生"。她耕耘杏坛七十载,书写了新中国教育史上的一段佳话,创造了从一名普通中学教师到人民教育家的时代传奇。

"我做了一辈子教师,但一辈子还在学做教师!"这是于漪老师的名言。她是从人民群众中走出来的教育家,她来自人民,服务人民。于漪老师的一言一行都会对教师们产生深远的影响,她是语文教师的典范,给语文教师的成长很多启示,也给了语文教师很大的动力。

组织教师一起观看于漪老师的相关视频,就是重温了于漪老师半个多世纪的育人故事。一起读她的个人经历,一起学习她的育人理念,一起分享她的教学案例,一起写学习她生平经历的心得体会,教师们的灵魂会得到洗礼,教艺会因此提高。

可以引领教师们走近于永正老师。

于永正老师是江苏省特级教师,也是享受国务院政府特殊津贴的全国著名语文教育专家。他人如其名,一身正气,一生站在语文教学改革的最前沿。我们可以从他的文章《病中"吟"》入手,走近这位教育大家,走近他的成长经历,走近他"学高为师,身正为范"的教育观,走近他留给我们的"三本五重"教学法。

还可以引领教师们走近张桂梅老师。

张桂梅老师入选《感动中国》2020 年度人物的颁奖词中写道:"烂漫的山花中,我们发现你。自然击你以风雪,你报之以歌唱。命运置你于危崖,你馈人间以芬芳。不惧碾作尘,无意苦争春,以怒放的生命,向世界表达倔强。你是崖畔的桂,雪中的梅。"

这段颁奖词极好地诠释了张桂梅老师的事迹和精神,她是最美的奋斗者,是我们龙江人的骄傲。习总书记说:"我将无我,不负人民。"张桂梅老师做到了,2020 年,她的事迹传遍大江南北,感动着无数的中国人。她在苦难中逆行,在逆境中坚守,以凡人之力改变山区女孩的命运,书写着教育的传奇史诗。张桂梅老师为人师表，大爱无疆的精神一次次感动着我们。

这种学习活动就是为每一位语文教师树立学习的楷模，就是让每一位语文教师坚定职业信念，就是要每一位语文教师传递这种教书育人、无私奉献的正能量。

榜样的力量是无穷的，开展"走近语文大师"活动，可以让语文教师们感受名师风采，促进自我的精神成长。

（3）在语文教师中开展"集体宣誓承诺"活动。

集体宣誓承诺，能使师德教育活动更具有仪式感。可以在"孔子诞辰纪念日"安排这一活动，因为孔子是我们教师的鼻祖，而孔子思想的传承又需要语文教师去践行。誓词或承诺书建议由语文组教师原创，以体现鲜明的语文学科特点、校情和地域特征为佳。

一份承诺就是一份责任，一份誓言就是一份使命。学校要通过富有创意的宣誓仪式鼓舞人心，唤醒教师们不忘初心，勇毅前行，履行承诺，实现师者价值。

（4）在语文教师中开展"评选最美教师"活动。

每年度可以在学校中开展"最美语文教师"的评比活动，这个活动作为全校"最美教师"评比的一个分支，旨在促进语文教师思想素质、育人水平的全面提升。

评价标准：

①理想信念坚定，热爱本职工作，长期扎根一线；

②道德情操高尚，遵守职业规范，勤勉敬业奉献；

③语文学识扎实，育人水平高超，热衷教育科研；

④拥有仁爱之心，师生关系和谐，得到广泛认可。

评价办法：

①根据要求，填写申报表，提交事迹材料；

②民主评议（领导评议、教研组内教师评议、家长评议、学生评议）；

③目标考察，看常规工作业绩、学生成绩；

④民主投票。

奖励方式：

①考核加分；

②大会表彰；

③优先评优。

2. 以学习为主线，倡导读书，增强文化底蕴

要给学生一杯水，教师就要有源源不断的活水。语文教师更要树立终生学习的理念，成为书香校园建设过程中的引路人和示范者。要通过广泛的阅读去满足提升自我的需要，适应教育教学的需要。

读书可以促进语文教师的专业成长，可以围绕以下几个维度展开教师的读书活动：

（1）面向全体，落实到位。

成立读书领导小组，负责推荐、指导、组织、督促教师日常的读书活动。学校领导应带头读书，语文教师应示范读书，全体教师应主动读书，在全校形成浓郁的读书之风。特别是语文教师自身要"以育人之心育己"，要加强自我教育，认识到读书的重要性，要为学生做好读书学习的示范。要按照科学的方法去读书，应确保有读书计划、读书摘要、读书心得、读书成果展示等环节，以保证读书的数量和质量。

（2）持之以恒，落实到位。

坚持开展读书"五个一"：一是定量阅读，每周不少于一万字；二是以读促写，每月给学生写一次"下水文"；三是持之以恒，每季度读完一本书；四是阅读留痕，每学期摘录一本书的读书笔记；五是注重分享，每年参加一次全校的读书交流会。

（3）创造条件，保障阅读。

学校要积极为语文教师提供便利的阅读条件，采取多种措施让教师们可以随时随地充电学习。应建设好学校的阅览室，定期充实学校的"书库"，并做到全天开放学校图书室，让"固定"的图书"流动"起来；也

可以建立办公室图书角，把图书室里教师喜爱的经典名著、教育理论专著等各类书籍分发到办公室；还可以设计温馨雅致的"教师书吧"，可以把图书作为活动的奖励。应关注语文学科的前沿动态、热点问题，为教师们订阅权威的语文专著、专刊。

（4）定期分享，促进交流。

教研组应在集体备课期间做好读书分享，频率以每月一次为宜。可以在每学期末推荐优秀图书到学校，参加全校的读书交流大会。学校应以各种方式去展示读书成果，把读书思考一步步引入教师的教学工作实践中。展示内容可以是名著名篇的荐读分享，可以是专业理念的启迪感悟，也可以是阅读过程中的问题探究。展示要面向全员，主讲人定期轮换，争取让所有教师都有现场交流的机会，这样才能调动每个人的积极性。

3. 以竞赛为抓手，全面发力，提升专业素养

教学竞赛是综合培养和提高教师教学能力和专业素养的一种重要方法，是对参赛教师的教学能力和水平的"检阅"。从学校层面看，教学竞赛是全面展示、培养和提高教师素质的有效途径之一；从教师层面看，教学竞赛是促进个人进步、展示个人能力的有利机会。适时开展各种教学竞赛活动，有利于教师队伍的建设，有利于推动教师个人成长，有利于提高教育教学质量。

（1）竞赛要有丰富的开展形式。

学校应把握语文学科的特点，积极开展各种类型的比赛，力争给更多的教师成长、展示和出彩的机会。可以开展专项比赛，也可以开展综合性的比赛。专项比赛如"语文教师粉笔字书写大赛""语文教师口头作文大赛""语文教师教学设计大赛""语文教师课件制作大赛"等；综合性的比赛则全面考查教师的教学功底和人文素养，如"语文教师同课异构大赛"等各种赛课和综合展示活动。

（2）竞赛要有科学的评价标准。

为调动教师参赛的积极性，在比赛评价标准的设计上提倡"尊重个体差异，实施科学评价"的原则。特别是应区别对待老教师和青年教师，要考虑到年龄差异和所受教育内容不同等因素。如"课件制作大赛"，可以分老、中、青三个标准，对老教师的评分标准适当放宽；而"粉笔字书写大赛"等则可对青年教师的评分标准适当放宽。

（3）竞赛要有持续性的开展体系。

应把竞赛作为教师培养的常规工作去做，形成规律和系列，频率以每学期 3 次左右为宜。如每学期初，开展语文教师基本功专项竞赛，如"粉笔字书写大赛""口头作文大赛"；每学期中开展一次"同课异构大赛"；每学期末，开展"课件制作大赛"和"教学设计大赛"。特别强调的是，期末的两类比赛，不需要固定的时间和场地，教师可以从本学期的教案和课件中择优参赛，这样不会在期末紧张的工作之余给教师造成过多的压力。如此，形成每学期的竞赛常规工作，年年如是，周而复始，以有序地进行、科学地改进、恒久地坚持，去提升语文教师的专业素养。

4. 以考评为机制，奖惩分明，激发教师内驱力

可以制定语文教师"专业成长"的考评标准，并努力做到有奖有惩，激发教师成长的内驱力。以满分 100 分为标准，从读书积累、教学实践、教学成绩、竞赛名次、课题研究、特殊贡献等六个方面进行考评。考评结果在前三名的，奖励办法有三：总结大会表彰，教师绩效依考核权重加分，作为省市县级语文学科骨干教师推荐的候选人。考评结果在后三名的，惩罚办法有三：写个人反思，结合自身学习和工作情况，查找问题，明确努力方向；读一本教学专著，内容自选，要形成个人心得感悟；听 10 节不同语文教师的常态课，做好听课笔记。以上内容限期完成，并以书面形式上交。

既是考评，自然有优劣之分，建议在考评办法出台前，和全体语文教师达成共识，以大家能理解、能接受的方式去开展工作。

31

要有效地推进考评工作的进行，就要充分调动每一个参与者的主观能动性，要利用好教研组工作会议，组织全体教师集思广益，一起商定考评的内容和方式，一起研究奖惩的办法和措施。要本着民主集中、求同存异、共同进步的原则，把发言权、考评权、表决权、惩戒权等尽可能多地交给教师集体。这样也便于他们更清楚自己努力的方向，更能接纳考评的结果和最终奖惩的方式。通过各种研讨、表决，最终要形成直观全面、简便易行的考评标准及办法（见表2-4）和考评表（见表2-5）。

表2-4　语文教师专业成长考评标准及考评办法

项目	考评内容					
	读书积累	教学实践	教学成绩	竞赛名次	课题研究	特殊贡献
考评标准	读书面广、读书量大、读以致用	备、教、辅、改、考，常规工作扎实	教学横纵比、三率和进步情况	依竞赛级别和名次加分	看级别：国、省、市、县、校 看角色：主持人或参与者 看进度：结项或在研	培养青年教师和其他附加工作
考评办法	查笔记、看心得、做答辩	查教案、作业、辅导情况、上课情况	看考试质量分析	看证书等佐证材料	看课题研究相关材料	看平时、看记录

表 2-5 语文教师专业成长考评表

考评对象	考评内容及得分						总分	名次
	读书积累（20分）	教学实践（20分）	教学成绩（20分）	竞赛名次（10分）	课题研究（20分）	特殊贡献（10分）		

5. 以课题为媒介,教研结合,培养拔尖人才

教而不研,行而不远。积极开展科研课题的研究是教师专业成长的需要,是解决实际问题的需要,更是现代化教育教学的需要。学校应通过教学科研提升教师不断学习的意识和能力,培养教师勇于实践、敢于创新的能力,引领更多的教师从"经验型"转向"科研型"。

语文作为众学科之基础,有着庞杂的知识体系,影响着学生各学科的学习和综合能力的提高。可以说,解决了语文学习的问题,就解决了很多学科学习的问题。

为语文教师专业成长助力,科研课题是不可或缺的媒介。学校应做好以下工作:

(1)硬性要求:学校应对教师的科研工作提出具体要求,如语文教研组应该有市级以上的总课题,而每位语文教师应该有属于自己的子课题。应指导教师积极参与各级各类课题的申报工作,并大力推广教师们的研究成果,以促进大家开展教学科研的积极性。

(2)量化考评:把教师的课题研究工作作为教学考评的重要标准之一,根据课题的级别和性质、教师参研和主持情况、课题的理论和实践价值等进行打分。

（3）培养人才：还要努力在教学科研工作的落实过程中，发现培养那些能主动参与课题研究、具有课题主持人才干的教师作为学校语文学科的拔尖人才。

（4）成果推广：鼓励在课题研究中表现突出的教师在理论研究和教育教学实践中多做公开展示，多对其他教师进行科研指导，充分发挥好他们的传、帮、带作用。

6.以团建为引领，凝心聚力，着眼全局发展

孔子有云："德之不修，学之不讲，闻义不能徙，不善不能改，是吾忧也。"面对当时的社会环境，孔子提出了自己的四大忧虑，即"道德不修、学问不讲、知善不从、有过不改"。结合教师的成长来思考，可以说孔子对我们的师德修养提出了四条建议：一是加强道德培养，做到身正；二是勤奋为学，力求学高；三是择善而从，多行义举；四是直面问题，勇于改过。

为了更好地促进语文教师这些修养的形成，可以以此四项为团队建设的基本内容，组织大家一起面对新情况、新问题、新挑战，快速提升语文教师团队的凝聚力、执行力和战斗力。

建议以学年组为单位进行小的"团队捆绑"式的建设，在教师中根植"荣辱与共、风雨同舟"的团队意识，积极营造和谐互助、协作共赢的氛围。每个学年的语文组都需要有自己的团队建设方案，要在方案中体现"团队成员情况分析""团队建设目标""团队建设的具体策略"等内容。学校应有一个团队建设的总体评价标准，要对学年语文组集体及个人有相应的激励措施。

三、加强教育合力的打造

语文教师在教学中要发挥语文学科的德育功能，要"以文化人"，要尤其注重学科德育渗透，要强化对学生情感、态度、价值观的引领；班主

任在班级管理中,要通过各种活动,采用多种方式加强对学生的思想教育。语文课程中的德育内容和班级管理中的育人任务殊途同归,语文教师和班主任的工作因此有着一定的交叉重叠,二者都肩负着立德树人的使命。所以,在教育教学的日常工作中,要做好语文教学和班级德育的有机融合及语文教师和班主任两种角色的通力协作。如果能充分发挥语文教师和班主任的合力,则可以打下学校德育工作的"半壁江山"。

学校德育工作定要双管齐下,二力合一:除了上文提到的加强班主任队伍建设和语文教师队伍建设外,还要凝聚语文教师和班主任的工作合力,努力构建出"以德促教、以德促学,以文化人、以文治班"的语文教学和班级管理相融相长的模式。这样才能做到有的放矢,促进两种角色的协同育人、相辅相成,促进学生和教师的共同成长,促进良好班集体的形成,促进学校教育教学水平的整体提升。

那么应如何形成班主任和语文教师的教育合力,并构建语文教学和班级管理相融相长的模式呢?

（一）认识到位

学校相关主管领导要认识到"语文学科教学"和"班级管理"之间的关联性,要认识到二者相融的重要性,并在人事安排上考虑班主任和语文教师一体或合作的可能性。有意识地去创造条件,保证语文教学和班级德育合二为一的共育性以及科学实施的可行性。

（二）多措并举

1.队伍建设,提升育人水平

依照方案,抓好落实,全面提升班主任和语文教师的整体素质,特别是在德育方面的理念和水平。

2.加强交流,增强合作实效

要在教师中开展经常性、多形式的交流活动。

要有固定的主题，如"班级德育和语文教学如何有效融合""班主任和语文教师如何有力配合""语文班主任学科教学和班级德育如何相辅相成"等。

要有固定的人员，包括学校德育领导、语文教师、班主任。

要有固定的时间。保证每学期有两次探讨，分别在学期初和学期末，在学期初的交流中做好计划和展望，在学期末的交流中做好回顾和总结，以促进再实施、再整改、再提升。

要有固定的形式。以座谈会、讲座为主，可辅以群内交流、文章分享、视频会议等多种形式。

要有固定的成果。每次交流都要形成"合作""合力"方面的经验，为实践提供理论依据。

3. 人事安排，保证合作的可行性

尤其是在非语文学科班主任的班级人事安排上，要综合考虑语文任课教师的人选问题。要考虑到年龄、性格、教学水平、人际关系等各种因素，要为班主任和科任教师的合作把好第一关。

(三) 队伍储备

要特别注重培养班主任队伍的后备力量，注重挖掘语文教师中的班主任资源，有明确的培养对象，以保证班主任岗位和语文教师岗位的充足，在涉及二者合作时，有可选之人、优选之人。

第三章 以文化人——用语文熏陶教化班级成员

第一节 走近名人典范,善用榜样引领

古今中外,涌现出无数可歌可泣、可学可仿的人物:他们有坚定的理想信念,有豁达的心胸和坚韧的毅力,有精深的智慧和远大的抱负,也有默默无闻的奉献和义无反顾的忠诚。他们为人类社会的发展做出了杰出的贡献,为后世的人们做出了表率,对后世有着深远的影响。他们的事迹流芳百世,他们的名字家喻户晓,他们的精神永垂不朽,他们如一颗颗璀璨的明星,闪烁在人类历史的天空上,照亮了世界,照亮了后人。榜样的力量是无穷的,指导学生听读、收集整理名人故事,可以让他们从名人身上汲取精神营养,收获奋斗的方法和动力。这不仅是语文教学的抓手之一,还是班级德育的重要举措。

一、走近名人，目的要明确

（一）培养高尚情操

通过听读名人故事，引领学生了解历史上的名人伟人，同时要向本土、本校、身边的模范学习。通过榜样学习活动对学生进行传统美德、红色基因、社会主义核心价值观的教育，引导学生形成忠诚、爱国、孝亲、尊师、勤学、刻苦等人格。强化意识形态的教育，帮助学生树立对自己、对家庭、对集体、对社会、对国家的责任感。

（二）提高语文能力

通过讲读名人故事，培养学生语文听说、阅读、创造性地复述、科学性地编辑等能力，在陶冶学生情操的同时，助其丰富见闻，积累写作素材，提高语文学习和运用语文的能力。

（三）形成教育合力

在"走近名人"的过程性活动中，实现语文教学和班级德育的有机结合。在实践中促进"语文学科德育渗透""班级管理用好语文"的教书育人模式的形成。

二、走近名人，内容要具体

伟大的历史，造就了千千万万伟大的人。古今中外的名人故事，更是数不胜数。活动涉及的名人及其故事，肯定是多多益善。但从班级课程设置和学生课业负担的角度来看，必须要对学习内容有所甄选，保证集体学习的共性，同时要给学生留出个性学习的空间。首选人类历史中在某一领域有突出贡献的人，其中要渗透红色基因、革命精神的教育，可以选择一些为全人类的解放以及为中华民族抗击外侮做出过贡献的人物。另外,还应该注重与学校课程的衔接,比如对政治、历史等课程中涉及的人物,可以做必要的延展。

建议根据学情、学校课程设置等特点,选择合适的名人材料,此处为大家推荐五辑内容。其中第三辑的"时代楷模",可以根据时间的推移、年度道德模范人物的评选等做调整。第五辑的设置目的在于引导学生发现身边的道德模范,弘扬他们在工作和学习中表现出来的优秀品质,以形成"求真""尚善""向美"的思想氛围。

(一)第一辑:古代名人故事

(45篇,适用于初一学年上学期)

1. 伟大的思想名人

①道家代表,大成之人——老子

②儒家代表,至圣先师——孔子

③民本思想的先驱者——孟子

④法家集大成者——韩非子

⑤引锥刺股,纵横捭阖——苏秦

⑥"大一统"的设计者——董仲舒

⑦爱憎分明,百折不回——司马迁

⑧知识渊博,著述丰富——朱熹

⑨生而不凡,年少有为——王守仁

⑩天下兴亡,匹夫有责——顾炎武

2. 非凡的政治名人

①改革大师——商鞅

②千古一帝——秦始皇

③独尊儒术——汉武帝

④乱世能臣——曹操

⑤第一谏臣——魏徵

⑥一代女皇——武则天

⑦一代天骄——铁木真

⑧平民皇帝——朱元璋

⑨盛世君王——康熙帝

⑩儒者之帅——曾国藩

3.才华横溢的文学家

①中华诗祖，独领风骚——屈原

②不为五斗米折腰——陶渊明

③豪放洒脱，一代诗仙——李白

④忧国忧民，一代诗圣——杜甫

⑤古文运动发起者——韩愈

⑥心怀天下，先忧后乐——范仲淹

⑦一蓑烟雨任平生——苏轼

⑧才华卓越，词风独特——李清照

⑨君诗如精金，入手知价重——陆游

⑩才气纵横，豪放不羁——曹雪芹

4.赤胆忠心的英雄

①身经百战，出生入死——廉颇

②但使龙城飞将在，不教胡马度阴山——李广

③悲歌壮士，沙场英烈——周亚夫

④足智多谋，一代名相——诸葛亮

⑤闻鸡起舞，中流击楫——祖逖

⑥精忠报国，誓退金兵——岳飞

⑦身陷敌营不屈，更显英雄本色——李显忠

⑧人生自古谁无死,留取丹心照汗青——文天祥

⑨封侯非我愿,但愿海波平——戚继光

⑩我自横刀向天笑,去留肝胆两昆仑——谭嗣同

5. 德才兼备的艺术家

①书法圣手——王羲之

②丹青神韵——顾恺之

③妙笔成风——吴道子

④写实大师——张择端

⑤杂剧冠冕——关汉卿

(二)第二辑:现代名人故事

(45篇,适用于初一学年下学期)

1. 伟大革命领袖

①伟大的民主革命先驱——孙中山

②新中国的开国领袖——毛泽东

③中国共产党人永远的楷模——周恩来

④卓越的历史功勋,伟大的人民公仆——刘少奇

⑤中华人民共和国十大元帅之首——朱德

2. 伟大革命先烈

①中国共产党的创始人之一——李大钊

②党的忠诚战士——王若飞

③正气浩然,信仰坚定——方志敏

④东北抗日联军重要将领——杨靖宇

⑤巾帼英雄——赵一曼

⑥以身殉国的抗日名将——左权

⑦坚信共产主义不动摇——赵尚志

⑧坚贞不屈的女共产党员——江竹筠

⑨抗美援朝特级战斗英雄——杨根思

⑩在烈火中永生——邱少云

3. 著名文学家

①中国近现代文学的奠基人——鲁迅

②新诗奠基人——郭沫若

③中庸而不失谐谑——林语堂

④新文化运动的先驱者——茅盾

⑤不可教训的个人主义者——徐志摩

⑥人民艺术家——老舍

⑦对人生的隐忧和对生命的思考——沈从文

⑧东方的莎士比亚——曹禺

⑨中西合璧——钱锺书

⑩独具魅力的女作家——张爱玲

4. 伟大科学家

①中国地质事业的奠基人——李四光

②地理学家和气象学家——竺可桢

③中国现代桥梁之父——茅以升

④一代建筑宗师——梁思成

⑤美国两次都留不住的科学家——傅鹰

⑥数学王——苏步青

⑦中国克隆之父——童第周

⑧中国核科学的奠基人和开拓者——王淦昌

⑨动力气象学的创始人——赵九章

⑩只有初中学历的数学巨匠——华罗庚

⑪东方的居里夫人——吴健雄

⑫中国原子弹之父——钱三强

⑬中国大气物理研究的奠基人——叶笃正

⑭两弹元勋——邓稼先

⑮核物理学家——于敏

⑯中国探月工程首任总设计师——孙家栋

⑰诺贝尔生理学或医学奖获得者——屠呦呦

⑱杂交水稻之父——袁隆平

⑲哥德巴赫猜想第一人——陈景润

⑳光纤之父——高锟

(三)第三辑:当代名人故事

(45篇,适用于初二学年上学期)

1.感动中国人物

①永不褪色,永放光芒的旗帜——雷锋

②新中国第一代全国劳动模范——马恒昌

③新时期领导干部的楷模——孔繁森

④犯罪分子眼中钉,人民心中一颗星——方红霄

⑤伐木能手,栽树英雄——马永顺

⑥奔忙在冰雪地震灾害前线的志愿者——唐山十三农民

⑦牺牲在救灾前线的青年战士——武文斌

⑧"拼命也要拿下大油田"的铁人——王进喜

⑨撑起了山路上的"流动邮局"——王顺友

⑩183名贫困儿童的"爸爸"——丛飞

⑪汗水铺就光明路的记者——甘远志

⑫靠蹬三轮车捐助了35万——白方礼

⑬帕米尔高原上的白衣圣人——吴登云

⑭进入太空的第一个中国人——杨利伟

⑮敦煌女儿——樊锦诗

⑯东山岛上的"愚公"——谷文昌

⑰人民的"挑夫"——杨怀远

⑱宁愿一人脏，换来万家净——时传祥

⑲心有一团火，温暖万人心——张秉贵

⑳从排雷英雄到生命强者——杜富国

2. 孝心美德少年

①爸爸的帮手，妈妈的眼——陈蓉

②稚嫩的双肩撑起家——徐航

③卖嫁妆救白血病母亲——徐沁烨

④"奔跑女孩"——路玉婷

⑤爸在家就在，"板车女孩"——黄凤

⑥13岁的"小蒙古汉子"——赵文龙

⑦开在吊脚楼里的小花——龙花

⑧捐髓救母——邵帅

⑨为妈妈奏响希望的旋律——许卓婧

⑩和父亲共同撑起一个家——游柘楠

⑪军中的娃儿早当家——姜沅昊

⑫家里12岁的"顶梁柱"——吴昊洋

⑬热心公益的"小棉袄"——李欣珂

⑭我要带妈妈向上"飞"——于琪巍

⑮陪伴是最长久的温暖——孙美平

3. 时代楷模

①临危受命，以身涉险——钟南山

②"渡江英雄""支前模范"——马毛姐

③"劳动模范""改革先锋"——王书茂

④情系国防事业,传播红色基因——王占山

⑤陕西汉子,治沙英雄——石光银

⑥家是玉麦,国是中国——卓嘎

⑦献身教育,树人铸魂——张桂梅

⑧绝壁开路,当代愚公——黄大发

⑨"生命的保护神"——吴天一

⑩"卫国戍边英雄"——陈红军

(四)第四辑:外国名人故事

(20篇,适用于初二学年下学期)

①欣赏是另一种阳光——卓别林

②苦难是一种财富——米勒

③汽车之父——福特

④不可摧毁的天真——王尔德

⑤坦然面对生活——萧伯纳

⑥伟大的科学家和发明家——富兰克林

⑦百科全书式的"全才"——牛顿

⑧苏联文学的创始人——高尔基

⑨个性鲜明的古希腊思想家——苏格拉底

⑩站在时代的前列——彼得大帝

⑪昆虫界的维吉尔——法布尔

⑫他给世界带来光明——爱迪生

⑬严于律己,不露锋芒——居里夫人

⑭共产主义的创始人——马克思

⑮假如给我三天光明——海伦·凯勒

⑯扼住命运的咽喉——贝多芬

⑰戎马一生，战功赫赫——拿破仑

⑱现实与文学世界的硬汉——海明威

⑲俄国革命的镜子——列夫·托尔斯泰

⑳人生不设限——尼克·胡哲

（五）第五辑：身边名人故事

（20篇，适用于初二学年下学期）

1. 宝清名人故事

①一身正气，两袖清风——于海河

②本为鞋匠，自学成才——王义忠

③一生择一事，情系珍宝岛——孙会明

④请缨援鄂，救死扶伤——祭炳亮

⑤两栖飞机首创，一代中航先行——黄领才

⑥战斗英雄，舍己救人——张云友

⑦抗联英雄，忠心耿耿——张红旗

⑧资产过亿，回馈社会——王东

⑨手传奥运火炬，情系公益事业——张洋

⑩探月工程惊世界，蟾宫采样立新功——邓宗全

2. 宝清二中名人故事

①淡泊名利，以校为家——王春娟

②潜心教坛，老有所为——田中华

③无私奉献，二中铁人——郑磊

④身残志坚，点亮心灯——李娜

⑤行业精英，形象大使——刘志桐

⑥孪生兄弟，中考状元——汪金双、汪金全

⑦校园中的女保尔——王子琪

⑧孤独坚守,展翅飞翔——任庆哲

⑨贫贱不移,刻苦有为——陈芑同

⑩劳而不辍,品学兼优——张珈凝

三、走近名人,方法要科学

(一)可读

选择可读性强的材料,可按规定内容必读和根据兴趣选读分类;可以采用多种方式读,比如纸质书籍阅读和电子书阅读。

(二)可听

鲁迅先生说:"时间就像海绵里的水,只要愿挤,总还是有的。"教育教学中,我们也要多鼓励学生去挤时间学习,善于利用零散的时间碎片去提升自我。欧阳修说:"余平生所作文章,多在三上,乃马上、枕上、厕上也。"听名人故事,也可讲究"三上"。可"枕上听",每天睡前听一听;也可"厕上听",当然不提倡"蹲厕所",可以在洗漱的时候听一听;还可"路上听",特别是坐车的时候,当然我们不提倡走路听,毕竟安全大于天。

(三)可讲

可以给身边人讲讲名人故事,这个"讲故事"也是一举多得的。其一,学生讲之前要去读,促进自主阅读能力的提升。其二,读到的故事想讲出来,还要做一番加工润色,把书面表达变成口头表达,就要对语句进行修改,也要根据时长,对内容进行调整。几个回合下来,修修改改再创作的能力也便有了。其三,要把故事讲得动人,声情并茂,就要对作品有深刻的解读,理解分析的能力也会有提升。其四,讲要生动,还得注意技巧,讲究语气、语调、语速,注重表情动作、台风等。如此,口语表达的本领也就慢慢提高了。在这过程中，学生巩固了所学，强化了记忆，将名人的事迹刻在脑海中，名人的精神铭记于心，对学习和做人都有帮助。

（四）可访

第五辑的20个故事给学生创造了成长的空间，这些名人就在家乡、就在校园，真实可感，让学生真正走近名人，更能激发学生的兴趣。这些名人就是生活在大家身边的普通人，更能让学生意识到平凡之中孕育着伟大，名人和普通人一样也会遇到艰难险阻，不同的是这些人可以凭借顽强的毅力、刻苦的精神、奉献的品质成长、成功、成名。

想做好这个活动，要对学生进行细致的指导和训练。要让学生有明确的采访目的，教给学生采访的技巧，设置好采访的问题，做好充分的采访准备，当然更重要的是采访后要能下笔成文，要让学生掌握撰写"人物通讯"的基本技能。

做好这个活动，要紧密地和语文教材联系起来，比如人教版七年级下册魏巍的作品《谁是最可爱的人》、八年级上册第一单元的人物特写等，不妨引导学生温故知新、学以致用。

（五）可编

一要尝试建立健全班级编辑部。

要让学生去接触新事物，挑战新任务。可以选择语文学习程度好的学生组建班级编辑部，完善班级组织机构，语文教师、班主任可以做顾问，全体学生做编委。学生们既有分工，又有合作，如哪些学生负责审核稿件，哪些学生负责纸质班刊的设计，哪些学生负责电子读物的上传，哪些学生负责音频、视频的制作等。总之，要调动全体学生行动起来，在学生的互动交流中，班级的凝聚力有了，学习语文的热情也提高了。

二要指导学生做好故事的改编。

要有取舍。字数控制在1000字左右，方便整理和记忆。这就要求学生对自己获取的第一手材料进行剪裁，挑选最发人深省、最有表现力的内容去写。

要有润色。语言力求生动,也要有理有据,建议采用"夹叙夹议"或"先叙后议"的写法,要通过借事说理的方式,达到教化人心的作用。

（六）可赛

开展各种竞赛,帮助学生走近名人,可以每学期在班级内部开展一次与名人楷模相关的主题征文、主题演讲、主题故事会等活动。

日常可以采用"打卡"的形式去督促学生多听、多读。可以采用传统的纸质阅读方式,也可以利用各种网络平台和软件进行在线阅读。可以让学生每周在完成班级统一安排的内容外,自选两个小故事去读。每个故事一般两分钟左右,既不会占用学生过多时间,又可以达到育人目的,关键在于坚持。可以班级为单位,做好"日常打卡统计表",督促学生及时记录。

上述活动只限于班内,规模小,人数少,易操作。要想调动学生的积极性,就要想方设法"小题大做"。即使是一个小活动,也要开展得规范化,包括在班级群里的通知、入围的名单、学生展示的作品（文章、照片、音频、视频）、获奖的喜报等,都要宣传到位。

第二节 诵读国学经典,培植学生厚德

国学经典是我们中华民族的宝贵精神财富,是全人类文化的瑰宝,它体现了中华民族文化基因中的最高智慧,是古圣先贤对后世子孙的谆谆教诲。在这些教诲中有孝悌、谨信、博爱、仁义、谦恭、忠诚……祖先留给我们的传统美德,闪耀着美好人性的光辉,为后人指明了前路。开展国学经典的诵读活动,是培养学生高尚品德的不二之选。

一、开展经典诵读意义深远

（一）开展经典诵读是贯彻国家教育精神、丰富育人渠道的有效举措

经典诵读利于推进素质教育。诵读经典,可以培养心灵,汲取营养,启迪心智,使学生在道德、文化、智能等方面的素质得到全面提升,进一步推进学校素质教育,构建儒雅校园、精神家园、和谐乐园。

这就要求每个班主任,特别是语文教师,充分依托学校的教育资源和优势,发挥全体学生的的积极性、主动性和创造性,以语文课程、班级活动及校园文化建设等为载体和平台,积极开展经典诵读活动。引领班级学生更加广泛深入地感受并领悟中华经典,加深对中华优秀传统文化的了解和热爱,增强继承和弘扬中华文化的自觉性,提高思想道德水平。培养学生诵读、书写及讲解经典的能力,提高他们的文化素养、审美情趣及语言文字应用能力,从而达到培德铸魂的作用。

（二）开展经典诵读是引导学生修身养性、塑造其良好人格的有效举措

经典诵读可以陶冶学生的性情品德,为学生提供更多的与书为友、与大师对话的机会。在追寻前人脚步的过程中,学生可以感受到中华民族文化的源远流长、中华传统思想的博大精深,从经典中汲取中华民族精神的营养,获得古圣先贤的智慧,修复文化传承的断层,让学生接受实实在在的"中国人"的教育。

学生在诵读经典中潜移默化地被影响,有利于培养其仁义敦厚的性情、自信自强的人格、知恩图报的品质、勇于担当的胸襟。语文班主任在开展经典诵读方面有得天独厚的优势,在时间支配上可以做到独立自主,在内容把握上可以做到游刃有余。建议带领全体学生日日诵读,引

导学生在诵读中体味,在体味后践行,在践行后分享,在分享后升华。这样,博大宽厚的思想人格才能逐渐养成,生命才能陶镕出深度和高度,这是学生形成厚德载物品格的基础。

(三)开展经典诵读是传承中华优秀传统文化、营造良好班风的有效举措

国学经典是中华优秀传统文化的重要组成部分,而诵读经典就是传承这些精神财富的最佳途径。师生在长期、有效的诵读中感受中华文化的博大精深,欣赏中华智慧的灿烂晶莹,体会中华民族坚毅刚强的风骨和中华民族挺拔伟岸的精神,能更深刻地领悟到国学经典是前辈留给我们的宝贵文化遗产,是先祖对我们的无私馈赠。诵读经典,既是责任也是幸福。

学生们在晨读暮省中成长,会告别心灵的无知和愚昧,养成"知荣""明耻""敬老""爱亲""诚信""友善"的美德,有利于良好班风的形成。

(四)开展经典诵读是丰富学生阅读积累、提升语文核心素养的有效举措

诵读经典可以提升学生的语文素养。让学生在诵读积累中扩大阅读量,增强语感,感受精华文化,增加经典储备,打下语文学习的扎实功底。另外,有助于落实《课程标准》中关于课外阅读、记诵任务的要求,提升学生语文素养。

经典诵读材料中不乏名言警句、历史典故,学生在诵读中可以了解其内容,在拓展中丰富积累。这些都是不可多得的写作素材,利于教书育人的结合,利于古今思想的碰撞,利于课堂内外的衔接,利于学生语文核心素养的提高。而且长期诵读还可以培养学生的良好语感,增强其记忆力。我们要充分利用诵读内容指导学生朗读,甚至熟读成诵,让学生直接感受语言之美,积累语言材料,了解语言表达的多种方式。长此以往,学生就能学会运用语言文字准确地表达自己的观点,抒发自己的感

情，从而提高语言能力。叶圣陶先生曾说："多读作品，多训练语感，必将能驾驭文字。"学生每天读经典，耳濡目染下将被文化的韵味所感染，有利于陶冶情操、丰富语汇，在作文中可以引经据典，增强文章的文学底蕴。

二、做好经典诵读须遵规而行

（一）思想动员有深度

要让学生们从心里悦纳经典，明确经典在我国文化和人类文明中的地位，明确诵读经典对个人成长和班级建设的意义，明确传承中华民族的优秀传统文化是每个中华儿女的责任和使命。班级要采用多种方式，促进经典诵读活动的开展和推进，让学生从丰富多彩的活动和持之以恒的诵读中体会经典中的文化和智慧。

1. 采用主题班会的形式

举行"国学经典伴我行"的主题班会活动，让学生设计、主持，教师做好指导。教师要想方设法让学生感受到"道不远人"的道理，经典在国学中，也在生活中，学经典就是学做人、学做事，就是学会生存和发展。

2. 借助现代媒体的力量

可以给学生观看全国乃至世界各地学习中华优秀传统文化的盛况；可以让他们了解习总书记在平时的讲话中，是如何引经据典；还可以给学生展示他人学习经典后的变化。

3. 发挥学生的自主力量

可以让学生代表写倡议书，做活动启动和阶段成果展示的板报宣传；每个学生可以写写自己读经典、用经典的计划等。

（二）诵读氛围要浓郁

可以在班级文化建设中融入经典,追求厚重之感;可以在学生诵读前规范要求,追求庄重之感;可以在诵读时配备雅乐,追求仪式之感;也可以在诵读后增加分享环节,追求亲近之感。

1.班级文化建设要典雅厚重

可以把国学经典中的名句作为班级文化建设的主要内容,让学生耳濡目染,受教其中。特别强调的是,国学经典名句浩如烟海,要有所选择,不是哪句话拿出来就随便一写、随便一挂的,要和班级文化的整体设计一致,不能出现主题上的游离和分散。班主任要营造浓厚的班级文化氛围,可以设置"典藏处""国学墙"等,采取多种形式,提高学生背诵的兴趣,创建书香班级。

2.学生诵读经典要规范要求

对待祖先留下的智慧,要怀抱至高无上的恭敬心,要意诚心正,内外兼修。比如:要坐定身正脚放平,头顶百会气自沉;要双手扶书目光聚,专心致志真发声。要在诵读中体现个人态度和精神,展示个人的礼仪和气质。

3.诵读氛围营造要关注全程

可以安排学生在诵读开始前播放雅乐,烘托气氛。雅乐以古曲为宜,引领学生从视听角度去感受传统文化清新脱俗的高雅。要让学生广泛参与,才能避免刻板枯燥的诵读,要让经典诵读入眼、入耳、入心。也要避免教师的空洞说教,可以通过让学生轮流做领读员的方式让学生切身参与其中。每日诵读完毕,要留出一点儿时间让学生做简单分享。

（三）诵读方法应多样

可以领读、可以齐读、可以背读、可以合读，更提倡展读、解读，也可以把信息技术手段用于经典诵读中。每天早自习，各班按照不同学段的内容开展经典诵读活动。师生集体共读经典、共赏美文，进行经典吟诵、演讲，分组背、个别背、接龙背、默背等学习游戏活动可以为经典诵读拓宽道路。

（四）诵读原则要讲究

1. 理解性原则

"书读百遍，其义自见"，对于诵读，首先提出的要求是让学生在读中领悟；其次教师要加以点拨，让学生在理解大意的基础上再熟读成诵。让学生把目视、口诵、耳听、心想四者结合起来，有效提升诵读效率。

2. 差异性原则

要因材施教，关注学生个体间记忆能力、思维方式等的差异。对于后进学生，可以适当放宽要求，培养其诵读兴趣。

3. 自主性原则

允许学生在规定阶段完成规定内容后，诵读更多的经典，并给予相应的评价。

4. 鼓励性原则

评比鼓励，平时激励，以引导学生热爱经典为根本。

5. 结合性原则

学校活动与班级活动相结合，个人学习与集体辅导相结合，诵读与展示相结合,评比与激励相结合,总结与提高相结合。

(五)诵读内容有选择

诵读内容要贴近学生生活,从学生实际出发。做到因需择文,因材施教,难易适中,循序渐进。

1. 初一学年:背诵《弟子规》全文,并在日常生活中践行

初一学年的经典诵读内容要努力做好"初小衔接",在小学诵读《弟子规》的基础上,温故知新。一方面巩固小学的诵读成果,做到熟读成诵;另一方面要加强对《弟子规》内容的践行体悟,促进学生将其内化于心、外化于行。

这就要求诵读做好三个环节的工作:一是读,二是行,三是悟。要在读中用,在用中悟。因此,要加强经典诵读过程中的回顾和分享,做好诵读后的实践和交流。

2. 初二学年:研习《常礼举要》,规范学生的言行举止,做到仪态大方

初二学年处于学生初中三年的过渡阶段。这一阶段学生的身心急剧发展变化,美国心理学家霍林沃斯称初二阶段的学生处在"心理断乳期",常常会出现叛逆、盲目、易受外界影响、情绪容易激动、暴躁、自由散漫、违纪违规等特征,但又具有可塑性、主动、追求独立等特点。因此,初二学年阶段既是发展的危险期,同时也不可避免地成为教育的关键期。

为加强班级管理,我们可以在初一学年通过《弟子规》总体规范德行的基础上,用《常礼举要》去细致地规范学生的言行。

《常礼举要》的内容简明实用,分为居家、在校、处世、聚餐、外出、访人、会客、旅行、对众、馈赠、庆吊、称呼等方面的内容,涵盖现代人生活的方方面面,它比《弟子规》更详细具体,不仅是童蒙养正的礼仪教育首选用书,也是学生们步入社会前的礼仪必读书。

共十二方面的内容,可以平均每月研习一个方面,遇到寒暑假可以进行自主诵读。只需记住要领,并在生活中践行。力争用一年的时间,修成知书识礼、言行合宜、彬彬有礼之人。

3.初三学年:熟读"四书"名句

初三学年,学生的知识量不断增加,理解能力不断增强。这个学段,教师可以根据教学和学生思想教育的需要,从"四书"中辑录名句,组织学生坚持诵读。这样既做好了课内向课外的延伸和拓展,也做好了学生中考应试的知识储备和为人处世的德行奠基。

"四书"名句集(初三学年专用)

经典诵读"四书"篇之《论语》:

1.德不孤,必有邻。——《论语·里仁》

2.君子食无求饱,居无求安,敏于事而慎于言。——《论语·学而》

3.不患人之不己知,患不知人也。——《论语·学而》

4.子谓《韶》:"尽善矣,尽美矣。"——《论语·八佾》

5.己所不欲,勿施于人。——《论语·颜渊》

6.过而不改,是谓过矣。——《论语·卫灵公》

7.发愤忘食,乐以忘忧。——《论语·述而》

8.知者乐水,仁者乐山。知者动,仁者静。知者乐,仁者寿。

——《论语·雍也》

9.巧言令色,鲜矣仁。——《论语·学而》

10.见贤思齐焉,见不贤而内自省也。——《论语·里仁》

11.君子坦荡荡,小人长戚戚。——《论语·述而》

12.知者不惑,仁者不忧,勇者不惧。——《论语·子罕》

13.名不正,则言不顺;言不顺,则事不成。——《论语·子路》

14.其身正,不令而行;其身不正,虽令不从。——《论语·子路》

15. 往者不可谏,来者犹可追。——《论语·微子》

16. 工欲善其事,必先利其器。——《论语·卫灵公》

17. 无欲速,无见小利。欲速则不达,见小利则大事不成。

——《论语·子路》

18. 己欲立而立人,己欲达而达人。——《论语·雍也》

19. 志士仁人,无求生以害仁,有杀身以成仁。——《论语·卫灵公》

20. 过也,人皆见之;更也,人皆仰之。——《论语·子张》

经典诵读"四书"篇之《大学》:

1. 大学之道,在明明德,在亲民,在止于至善。

2. 知止而后有定,定而后能静,静而后能安,安而后能虑,虑而后能得。

3. 物有本末,事有终始。知所先后,则近道矣。

4. 古之欲明明德于天下者,先治其国;欲治其国者,先齐其家;欲齐其家者,先修其身;欲修其身者,先正其心;欲正其心者,先诚其意;欲诚其意者,先致其知;致知在格物。

5. 物格而后知至,知至而后意诚,意诚而后心正,心正而后身修,身修而后齐家,家齐而后国治,国治而后天下平。

6. 为人君,止于仁;为人臣,止于敬;为人子,止于孝;为人父,止于慈;与国人交,止于信。

7. 富润屋,德润身,心广体胖,故君子必诚其意。

8. 君子贤其贤而亲其亲,小人乐其乐而利其利,此以没世不忘也。

9. 君子有诸己而后求诸人,无诸己而后非诸人。

10. 所谓平天下在治其国者,上老老而民兴孝,上长长而民兴弟,上恤孤而民不倍。

11.《康诰》曰:"惟命不于常。"道善则得之,不善则失之矣。

12. 道得众,则得国;失众,则失国。

13. 财聚则民散,财散则民聚。

14. 心不在焉,视而不见,听而不闻,食而不知其味。此谓修身在其心也。

15.有德此有人，有人此有土，有土此有财，有财此有用。

16.苟日新，日日新，又日新。

17.所恶于上，毋以使下；所恶于下，毋以事上；所恶于前，毋以先后；所恶于后，毋以从前；所恶于右，毋以交于左；所恶于左，毋以交于右，此之谓絜矩之道。

18.君子有大道，必忠信以得之，骄泰以失之。

19.生财有大道，生之者众，食之者寡，为之者疾，用之者舒，则财恒足矣。

20.是故君子有诸己而后求诸人，无诸己而后非诸人，所藏乎身不恕，而能喻诸人者，未之有也。

经典诵读"四书"篇之《中庸》：

1.不偏之谓中，不易之谓庸。中者，天下之正道；庸者，天下之定理。

2.天命之谓性，率性之谓道，修道之谓教。

3.喜怒哀乐之未发，谓之中；发而皆中节，谓之和。中也者，天下之大本也；和也者，天下之达道也。

4.君子中庸，小人反中庸。

5.道不远人。

6.凡事预则立，不预则废。

7.在上位，不陵下；在下位，不援上。

8.言顾行，行顾言。

9.好学近乎知，力行近乎仁，知耻近乎勇。

10.博学之，审问之，慎思之，明辨之，笃行之。

11.博厚，所以载物也；高明，所以覆物也；悠久，所以成物也。

12.或生而知之，或学而知之，或困而知之，及其知之，一也。

13.知、仁、勇三者，天下之达德也。

14.君子之道：淡而不厌，简而文，温而理，知远之近，知风之自，知微之显。

15.上不怨天,下不尤人。

16.或安而行之,或利而行之,或勉强而行之,及其成功,一也。

17.故大德,必得其位,必得其禄,必得其名,必得其寿。

18.人一能之,己百之;人十能之,己千之。果能此道矣,虽愚必明,虽柔必强。

19.天地之道,博也,厚也,高也,明也,悠也,久也。

20.是故居上不骄,为下不倍;国有道,其言足以兴;国无道,其默足以容。

经典诵读"四书"篇之《孟子》:

1.不以规矩,不能成方圆。

2.权,然后知轻重;度,然后知长短。

3.人有不为也,而后可以有为。

4.虽有天下易生之物,一日暴之,十日寒之,未有能生者也。

5.其进锐者,其退速。

6.心之官则思,思则得之,不思则不得也。

7.然后知生于忧患而死于安乐也。

8.是以惟仁者宜在高位,不仁而在高位,是播其恶于众也。

9.天子不仁,不保四海;诸侯不仁,不保社稷;卿大夫不仁,不保宗庙;士庶人不仁,不保四体。

10.国君好仁,天下无敌焉。

11.君仁,莫不仁;君义,莫不义;君正,莫不正。

12.乐民之乐者,民亦乐其乐;忧民之忧者,民亦忧其忧。

13.仁则荣,不仁则辱。

14.君之视臣如手足,则臣视君如腹心;君之视臣如犬马,则臣视君如国人;君之视臣如土芥,则臣视君如寇仇。

15.老吾老,以及人之老;幼吾幼,以及人之幼。

16.天时不如地利,地利不如人和。

17.贤者在位,能者在职。尊贤使能,俊杰在位。

18. 民为贵，社稷次之，君为轻。

19. 域民不以封疆之界，固国不以山溪之险，威天下不以兵革之利。

20. 天将降大任于是人也，必先苦其心志，劳其筋骨，饿其体肤，空乏其身，行拂乱其所为，所以动心忍性，曾益其所不能。

以上所选，共计 80 条名句。主要在初三上学期做好诵读，下学期做好复习和巩固。以每日诵读 1 个名句为宜，要求学生理解大意，达到熟读成诵并能在语文学习和实际生活中运用的效果。

初三学生收集信息、自主学习、口语表达等能力足可以完成这些名句的学习、讲解、导读任务。为调动同学们的积极性，建议做好任务分配，可以把 80 个名句的诵读任务分给学生执行，鼓励学生自己搜集信息解读名句，自己设计诵读方式并组织活动。以每人 2 个名句为宜，也可以根据班级人数做灵活处理，尽量做到学习任务的均衡，力争兼顾全员，赋能全程，让学生在经典诵读中提升各方面能力，并促进他们良好德行的形成。

（六）诵读时间要保证

1. 每日诵读，保证在 10 分钟以上

经典诵读要重视日积月累的作用，要让学生养成每日诵读、亲近经典的习惯。要根据学校课程安排和学年学情的特征确定诵读时间。初一学年学习任务相对较轻，可以适当延长诵读时间；学科结业前，复习时间紧，就适当减少诵读时间。酌情合理安排即可，但是切忌三天打鱼，两天晒网，一曝十寒，有始无终。

如果和学校整体工作安排不冲突，建议做好"晨读""午读""语文课前读"等工作，固定每天上午和下午第一节课前的预备时间为诵读时间。为减轻学生诵读经典的负担，提倡教师采用见缝插针、积少成多的诵读方法，要充分利用每天语文课开始的一两分钟时间，开展"课前一吟"活

动,做到读而常吟之、学而时习之。

2.每周复读,保证在 10 分钟以内

合理安排时间,做好一周诵读内容的回顾。一周的诵读内容并不多,学生足够熟练的话,10 分钟以内的时间足够。这个环节可以安排在站队进出校门的途中、自习课前或语文阅读课前。

3.每月测读,保证在一节课以内

要及时巩固经典诵读的结果,可以以书面或口头问答的形式,检验学生的诵读效果,内容含"理解记忆情况"和"实践运用情况"。

4.学期竞读,保证在两节课以内

可以在每学期末,组织一次班级经典诵读的竞赛或者汇报活动,目的在于给学生展示的机会,增强学生经典诵读的积极性。

此外,我们也倡导"亲子共读"。在家庭生活中,希望家长能拿出一点儿时间和学生一起诵读,以营造浓厚的家庭诵读氛围,使经典诵读活动成为学生课外生活的一件乐事。

总之,班级开展经典诵读要利用好三个时间:早午时间,语文课前,碎片时间。其中,早午时间要固定,语文课前要坚持,碎片时间要机动。

(七)诵读实效要保证

经典诵读的最终目的是让学生修身成才,以促进学习,立足社会。故而必须避免形式主义,要追求实效。一要循序渐进,二要持之以恒,三要学用结合。

1.循序渐进是为遵循规律

要依照学情特点,不缓不急,控制难度,要对各个年级要求学生诵读的内容做好合理的安排。如:七年级是初小的过渡阶段,建议做好小学经典诵读内容《弟子规》的巩固内化和创新升华；八年级学生的身心都加快了成长变化的节奏，以《常礼举要》去规范其言行，使学生慢下来、沉下来，使之做法合规合宜；九年级学生面临升学的压力，在身心发展和学习能力相对成熟的情况下，在人生阶段性晋升和学习做人的需要下，多读"四书"可以解决学生很多学习和修身方面的问题。

经典诵读中，老师必要的讲解和分析是不可少的，中学生的时间不比小学生充裕，不可能靠熟读成诵，更多要靠理解记忆。这就要求老师把诵读内容参透领悟，这方面又是语文教师做班主任的一大优势，应人尽其力，把自己的光热不遗余力地发挥出来。

2. 持之以恒是为久久为功

传统文化对人心的教化是潜移默化的，绝不是一蹴而就的，所以需要长期坚持，并根据年级特点适当安排时长。如七年级保证每天 20 分钟，八年级保证每天 15 分钟，九年级保证每天 10 分钟。一定不要三天打鱼、两天晒网。

要做到持之以恒，首先取决于教师对于时间的合理安排，要肯花时间、肯挤时间用在经典诵读上。特别是在目前的"双减"背景下，学生的课业负担减轻，有了更多的时间去做自己想做的、该做的事情。加之"课后延时服务"，教师可在学校统筹安排下做好班级的安排。

要做到持之以恒，还取决于对学生诵读兴趣的保护。知之者不如好之者，好之者不如乐之者。学生有了兴趣，效果也就好了。古典诗文韵律优美，语言精练，节奏感强，读起来朗朗上口，本身就能吸引学生。但大多数学生初学时兴趣浓厚、积极性高，可是随着学习内容的增加会感觉越来越吃力，容易产生退缩的念头，这时教师要充分发挥自己的教学才智，寻找适合的途径，帮助学生走出困境，进入"柳暗花明又一村"的学习状态。

3.学用结合是为达己成人

每天的诵读都要耗费一定的时间,目的绝不是读读而已,而是要学会用经典学习,用经典立身。那么就要一方面鼓励学生主动去学用经典,从经典中汲养,用来滋养身心,提升学业;另一方面,要让熟读经典的自己成为一束光,照亮他人,照亮世界。要努力做到达己成人,以经典充盈自身,并影响他人;要让自己成为一个有正能量的人,营造一个有正能量的圈子。

(八)诵读活动须开展

陶行知先生说:"我们要活的书,不要死的书;要真的书,不要假的书;要动的书,不要静的书;要用的书,不要读的书。"经典诵读的推进也有赖于相关活动的开展。把活动开展好了,提升的是学生诵读的兴趣,形成的是经典诵读的规模,促进的是经典诵读的实效。要实现诵读活动的顺利开展,要做到以下几点:

1.目标要定准

要有准确的目标定位:一要让学生"有所知",即通过经典诵读,了解经典的丰厚博大,感受传统文化魅力,汲取智慧,快乐健康地成长。二要"有所得",即培养学生浓厚的兴趣,促进知识的积累,塑造良好的人格。

2.措施要得力

人力保障:要建立班级经典诵读的组织机构,机构组织要有不同层面的人员,如家长、教师、学生、课外公益辅导员、学校德育领导等。在活动中,发动全体成员,营造活动的氛围,引起学生的重视。

物力保障:要准备好活动所需的场地和必备物品,如课件、话筒、证书、奖品等。

方案保障:要在每一次活动前,设计好活动方案,保证活动有序、高效地开展。

3. 形式要多样

诵读活动的形式要以"诵读"为主，也可以通过"手抄报""故事会分享""主题班会""知识竞赛"等形式展开。

4. 反思要及时

对每一次活动要有及时的反思和全面的总结，为后续工作做好铺垫。

传统经典文化是中华文明传承数千年的重要载体，内容博大精深，体现了我国古代语言文字的高度凝练性和表达技巧的丰富多样性，对于促进学生全面发展具有不可替代的作用和意义。要通过诵读活动，让这些传统美德根植于学生的心灵，达到丰富班级德育内容、培养学生人文素养的目的。这是语文教师和班主任的神圣使命，更是以文化人的极佳途径。

第三节　积累名篇佳作，侧重德智双培

丘山积卑而为高，江河合水而为大。平时小积累，用时大作用。在班级管理中，也要善于用日积月累的方式去教化班级全体成员。下面从积累目的、积累内容、积累对象、积累方法四方面进行具体阐述。

一、为何积累？

歌德曾说："读一本好书，就如同和高尚的人谈话。"好的文章、好的作品可以让人增长知识、开阔眼界，使人的境界更上一层。正如培根所言："读书足以怡情，足以博彩，足以长才。其怡情也，最见于独处幽居之时；其博彩也，最见于高谈阔论之中；其长才也，最见于处世判事之际。"然而，读书不能只停留在"读"的层面，还应该把读到的精华积累内化，这样更能达到益德、益智的效果。在班级集体教育中，引导学生做好名篇佳作的积累，意义更为深远。

从班级管理方面讲：一为个体成长，积累有助于学生形成正确的三观，拥有豁达的胸怀和高远的格局，提升智商、情商、逆商、财商等多种能力，更好地应对成长中的各种问题；二为集体进步，每个个体都在成长路上不断收获学习工作、为人处世的智慧，如果整个班级可以形成一个极具正能量的文化圈，那么良性效应将随之而来，整个班集体将会健康向上，全面发展。

从语文学习方面讲：长期积累是语文教学不可或缺的方法之一，可以促进学生的全面发展。学生以积累为目的，以阅读为路径，可以开阔视野、丰富见闻、学习写法、丰富表达，有效促进语文能力的提升。

从教育教学模式讲：这种积累是将语文的学习方法应用于班级德育管理之中，能起到两相促进的作用，利于新的教育教学模式的形成。

二、积累什么？

自然是积累古今中外脍炙人口的文质兼美、文学性强、思想性强、专业性强的好作品。基本要求是对人的心灵有启迪性，对行为有教育性，对学习、工作、生活有引导性的美文佳作。这些名篇不限文体、不限时代、不限国度、不限内容，但是篇幅一定不可太长，要便于阅读，便于积累，便于内化和吸收。这些内容可以来自日常阅读，也可以来自他人推荐，还可以是语文教材中的美文，更可以是日常做练习时的偶得。

在微信公众号中便有很多不错的文章，如《真正有大智慧的人，懂得向这三种人低头》，文中引用了许多名人故事，如：古希腊哲学家苏格拉底的故事，中国三国时期政治家刘备的故事，清朝重臣曾国藩、左宗棠的故事。还引用了许多名人名言，如："平生不做圆软态，此是丈夫；而能软而不失刚方之气，此是大丈夫"，"不与小人计高下，不与傻瓜计长短"。文章告诉我们"抬头需要底气，低头却更需要勇气"，做人要善于向家人、向比自己优秀的人低头的道理。

还有就是多看看别人推荐、分享的文章，这样可以减少教师浏览、选择的时间。特别是要多看那些阅读量大、专业性强、欣赏品位高的人推荐的好文章。

作为学生，一定要重视对教材的学习，要读熟、品透、用好。因为语文教材中的文章选材优、立意深、视角新，能继往又能开来，更能体现针对性、时代性、经典性，有很多文质兼美、脍炙人口的名篇佳作。这些作品是写作学习的范本，更是学习做人的素材，其中的人文精神常常给人启迪和鼓舞。例如，人教版语文教材七年级上册第一单元第三课，刘湛秋的《雨的四季》，把雨表现得可感可触、亲切可爱。诗情画意的描写，增强了形象感和动作性。最适合学生学习的是文章的结构方式，分段描绘了春夏秋冬四季雨的特点，行文思路特别清晰。还有人教版语文教材九年级上册第二单元第十课《精神的三间小屋》，毕淑敏说，人的一生需要为自己修建三间精神的小屋。第一间，盛放我们的爱和恨；第二间，盛放我们的事业；第三间，安放我们自身。有了这三间精神的小屋，我们的心灵才能有真正的依靠。文章结构清晰，内涵丰富，语言优美，堪称佳作。

教师在指导学生阅读、做题时，也会遇到很多好文章。如2016年湖南省娄底市中考议论文阅读《读点诗词养点气》，此文初刊于2016年5月26日的《人民日报》。文章围绕"读点诗词养点气"这一中心论点，分别从"养浩气""养骨气""养地气""养清气"四方面,引经据典,分层论述,呼吁基层领导干部读些诗词,以丰富学识,提升境界,装点人生。全文立场鲜明,层次清晰,论证有据,切合实际,有很强的现实意义,是学生阅读积累的佳作和学习议论文写作的范本。

三、要谁积累？

在班级的德育管理中,应该注重三全,即"全员""全程""全面"。

"全员"指无论是施教者还是受教者,都要做到"育人"与"自育",发挥教育的最佳效果；"全程"指有始有终,不忘初心,有的放矢,坚持到底；"全面"指要注重多个角度、多种方法,做到内容全面、措施全面、效果全面。

所以对于能益德、益智的名篇佳作,积累的主体就不应该只局限于学生群体,最好能覆盖到本身承担着教育责任的教师和家长。师长的引领作用是不可忽视的,有了教师和家长的积极参与,时间长了,坚持住了,学生素质也就高了,格局也就大了,智慧也就启迪了。良好的"教育圈"有了,一代新人的培养也就指日可待了。

四、如何积累？

名篇积累本质上是自主学习、自觉自育的过程。因为要做到师生家长都参与到名篇的积累中,所以积累方法应灵活多样,考虑到不同人群、不同性格、不同从业性质等特点,可因人而异,因地制宜。

（一）做好摘抄笔记

对于学生来说,这种方法虽然传统,但是简单实用、一举多得,又符合时代教育"守正创新"的要求。2021 年发布的"中小学生'五项管理'"中明确提到有关学生"手机""读物""体质"方面的要求,科学解读文件精神，并将之合理用于教育教学实践之中，利于促进学生们阅读习惯的养成。为减少学生使用电子设备的时间，我们提倡纸质阅读，鼓励学生把主题鲜明、内容积极、可读性强、启智增慧的课外读物带到校园，鼓励学生利用零散时间进行"碎片化"阅读，同时也提倡传统的摘抄方式。这样在摘抄积累的过程中，既促进了学生的主动阅读、选择性摘抄，也强化了学生的记忆和书写能力。学生用摘抄去积累，一定要准备一个厚一点儿的摘抄本，要做好打持久战的准备。

（二）体现"共性""个性"

学生使用摘抄本要做好分区和目录，体现"共性""个性"。"共性"指老师推荐给全体同学的美文，以及老师布置的集体作业；"个性"指学生根据摘抄要求，自主选择的文章。可以"一文多得"，大家对一篇文章往往是"横看成岭侧成峰"，对于老师推荐的同一篇文章，可以有多种的解读方法；也可以群文阅读，"多文一得"，老师推荐一个类别或主题的文章，让学生有选择地自主选文摘抄。比如：在国庆节假期作业中，老师可以布置让学生摘抄以"爱国主义"为中心的文章，虽然学生的摘抄内容不同，但都是通过摘抄这一环节，受到爱国主义的教育和感染；在学习了课文《白杨礼赞》后，学生体会了托物言志和象征手法的表达效果，那么可以安排学生去摘抄运用了这两种写作手法的短文，内化所学。

（三）力求情趣设计

引导学生不把摘抄积累当成作业，而是尝试转变心态，把摘抄当成怡情养性的工具，让学生在写写画画中远离浮躁喧嚣，寻求心灵宁静和精神的愉悦，让摘抄本成为心灵的栖息地。因此，可以提倡学生们自己设计扉页，画上自己喜欢的图案，配上自己喜欢的励志心语。每次打开摘抄本的时候，映入眼帘的总是自己喜爱的画面，每次默读写在扉页上的励志格言，都是对自己的一种激励。

在此分享一个小案例，我曾在新生入学的第一天就布置了一个小作

业:写一句最能勉励自己的名言。后来在学生的摘抄本上,我看到许多感人至深、催人奋进的话:

"欲戴王冠,必承其重。哪有什么好命天赐,不过是一路披荆斩棘。"

"爱我所爱,不如爱我所有。为我所爱,尽我所有。"

"没有伞的孩子,必须努力奔跑!"

"有志者自有千计万计,无志者自有千难万难。"

摘抄时,除了要抄录精品外,还可以进行创意设计:可以根据个人喜好,插入一些花边、配图、信息补充(如时间、地点、天气、心情)。这样,学生每次回看摘抄的时候,就仿佛在探访一段过去的心路历程。

总之,不要把摘抄当作作业,而要当成作品;不要把自己当成学生,而要当作编辑,要在摘抄的同时,去做设计、做排版等。积累的兴趣便可由此而生。

(四)应有赏读心得

摘抄后要更好地内化所读,还应该有个"写在后面"的专题。为减轻学生课业负担,呵护学生的积累热情,这个部分可不做硬性要求。这个心得字数不必多,写出自己的独到见解和真实收获就好,可以是语文学习方面的,也可以是人生启迪方面的。总之,摘抄不能停留在纸面上,不能以凑够数量、完成任务为目的,要多去品味所抄之文的妙处所在,真正发挥摘抄的作用。

吴晗的《谈骨气》一文是议论文的典范之作,是思想教育不可多得的好素材。学生摘抄后写出的"赏读心得"也可圈可点。

有的学生从议论文论点的提出去赏析:

"本文开门见山,直接入题,观点鲜明突出,显而易见,给读者留下深刻的印象。"

也有学生从议论文的论据选择上去赏读:

"文章引用三个例子进行举例论证,分别是贫者不受嗟来之食、文天祥宁死不降、闻一多怒对敌人的手枪。三个人物所处时代不同,身份地位不同，但是连在一起，足以表达中华民族自上至下、从古到今有着无数有骨气的人，这正是作者选材的匠心所在，我们写作时的选材也要有这样的代表性，要让笔下的材料发挥以一当十的作用。"

有的学生从议论文的结构上去赏读：

"这篇文章在议论上先是追溯传统，后要发扬传统，紧密衔接，互相照应，层层深入，首尾贯通，对什么是有骨气、怎样做才算得有骨气、为什么要提倡有骨气等问题，进行了生动具体的阐述，在结构安排上特别精到。"

还有的学生从做人、做事的角度上去感悟：

"这篇文章让我知道了做人要有骨气，做好自己的事，走好自己的人生。就像陶行知所说的那样：'滴自己的汗，吃自己的饭。自己的事，自己干；靠人、靠天、靠祖上，不算是好汉！'"

（五）打好持久之战

学生的摘抄本作为成长的记忆、智慧的积累，一定要保存好，既不可频繁更换，也要避免损坏丢失。

首先要指导学生选购一个经久耐用的摘抄本。笔记本以 16 开大小为宜，外皮最好是耐磨的软牛皮或者合成皮，外观简约、大气一点儿的。装订好，不散页；纸张强度高，吸水性能好，书写流畅，不渗透；行间距要宽窄合理，最好在 8~10 毫米之间，以便美观书写。

其次要督促学生坚持进行摘抄积累。一方面以作业检查的方式，促进学生去完成；一方面以定期评比的方式，激发学生热情。此外，还可以引导学生在赏析中、考试中运用摘抄，让学生感受到摘抄的现实作用，激发他们的主观能动性。

（六）做好分类整理

教师和家长的积累方式可以根据文化程度、工作强度等做弹性处理。可以做摘抄，也可以用手机做收藏，用手机收藏的时候，还应做好文章的分类。以教师为例,日常可以通过公众号看到很多文章,很多时候是浏览即过,但如果想日后翻出来再读、用的时候好找,就必须做好分类,是"教学论文"还是"班级管理",是"写作素材"还是"作文指导",是"学科问道"还是"百家讲坛",是"国学经典"还是"时文选粹",等等。这样分门别类,科学积累,才会为日后运用做好充分的准备。

特别强调的是,很多网络公众号上的文章仅仅收藏是不够的,因为随着时间的推移,有的公众号会注销或者迁移,有的文章会被删除或被设置为私密,所以我们对于喜欢的文字最好保存下来,以备长久之需。

(七)注重积累运用

如果说推荐分享是美德,那么积累收藏就是厚德,而知行合一才是功德。要想让名篇积累发挥作用,还要将所学所悟用于生活当中,去解决学习工作、生存发展的各种问题。

例如,在组织班级同学统一阅读、摘抄过毕淑敏的散文《孝心无价》后,就应该鼓励学生在实践中去用一用。要让学生知道"树欲静而风不止,子欲养而亲不待"的道理;要知道"孝"是稍纵即逝的眷恋,"孝"是无法重现的幸福;要用行动赶快为自己的父母尽一份孝心,可以是对父母不满、不解时的"忍气吞声",可以是父母劳累时的耐心抚慰,可以是主动去做一点儿力所能及的家务,更可以是在学习上全力以赴。总之,要努力做到让父母宽心、顺心、开心。

在摘抄过冯骥才的《大度读人》后,就要知道读别人其实也是在读自己,读真、读善、读美的同时,也读道貌岸然背后的伪善,也读美丽背后的丑恶。要以人为鉴,看别人,也要照照自己。读人,最重要的是读懂怎样为人;读人,是为了做一个真正的人。要努力做到"以责人之心责己,以恕己之心恕人",对待别人多一份宽容,不过多计较。作为还没有步入社会的学生,面对的人际关系还比较简单,无外乎是家庭中的亲人、校园中的老师和同学,大多是至亲至近,更要相惜相亲,用宽容去维系好感情。要努力做到大肚能容、乐观为人。

在组织学生摘抄由时任国务院总理温家宝作词的北京航空航天大学校歌《仰望星空》时，一方面要引导他们从思想上去感受一位大国总理的所思所想，另一方面要促进他们从表达上去学习这首诗的艺术技巧。全文平白质朴而又意味深长，其中所透露的对真理、正义、自由、博爱的思考，对国家民族、人类共同命运的关怀，令人动容，发人深省。学生怀着对总理的敬仰之情去读、去抄、去品味。也有不少人跃跃欲试，去仿写创作校歌、班歌。

（八）加强汉字书写

《课程标准》学业质量描述第四学段（7~9年级）中指出：能规范、端正、整洁地书写常用汉字；在日常记录中使用规范、通行的行楷字，提高书写的速度。所以在摘抄中，也要鼓励学生规范汉字书写，抄美文，要用美字，做到"文"与"字"的相得益彰。要在每一项工作中细致要求，严格监督，促进学生养成准确规范、工整干净、美观大方的书写习惯。

（九）用好现代手段

传统的摘抄笔记是惯用、实用的方式，但摘抄笔记携带不便，不好保存，有旧损和丢失的风险。作为学生，可以这种传统的积累方法为主，但也可采用更多现代化的实用、便捷的办法。比如微信里面可以"收藏"，QQ空间中可以"转载"。当然还可以用更加现代化的大容量的网络云盘和网络图书馆进行储存。这些方法在运用的时候也要注意做好分类整理，以便日后的查找、学习和使用。

第四节 组织专题学习,形成家校合力

好的班集体,应该是教师、家长、孩子共成长的摇篮。一个班集体的发展进步,取决于教师和家长的素质,取决于学校和家庭的配合。教师和家长,作为学生在校和在家的主要教育者和监护人,要做到既懂学校教育,也懂家庭教育。语文教师应巧妙地运用语文教学融合现代学校教育和家庭教育的理念,定期面向学生、家长开展专题教育,以此实现学校和家庭育人水平的同步提升,凝聚教师和家长的心力。家庭教育是育人的,学校教育是育才的,社会教育是育能的,因此家庭教育在整个教育过程中发挥的作用是最基本的,是整个教育的基础和起点,甚至是决定教育发展方向的。班级开展的学习活动,既要侧重对家长家庭教育方面的指导,又要兼顾学生;既要发挥语文学习的重要作用,实现文化育人的目的,又要把语文和德育紧密联系起来,实现个体的育人与自育。

一、专题学习目的多元化

（一）引导家长亲近语文,营造学用语文的氛围

既然要努力构建语文教学与班级德育相结合的育人模式,就要不遗余力地在班级活动中体现语文的功用。反之,也要在班级语文教学的过程中发挥班级德育的作用。使二者相辅相成。

如果想通过组织家长进行专题学习的方式让家长去感受文化的作用,那么就要在内容的选择上加以推敲甄别。要选择那些文学性强、功

用性好的内容，以达到潜移默化的熏陶和教化作用。

要尽可能调动更多的家长参与到活动中。在专题活动的准备、演讲、互动、发言等各个环节中，有意去引导家长感受语文的听说读写、理解评价、思辨运用对一个人成长发展的重要性。以真实的经历和体验，去增强家长对语文学习的认同。以走近语文的过程，使家长思想上受到感染，行为上得到规范；以共学语文的方式，去打造班级成员的"文人气质""儒雅之风"。要让文化的气息流淌在师生家长中，使大家从被动走向主动，从平凡走向高雅。从而促进班级成员间的沟通交流，促进和谐班集体的打造。

(二) 引导家长了解班级，建设独特的班级文化

要让家长在组织学习和参与学习的过程中，体会语文的用处；更要让家长在学习过程中感受班级的文化特征和整体精神风貌。而且要不断地强化家长在班级管理中的地位和作用，要让全体家长了解班级的育人理念是什么、奋斗目标是什么、文化精髓是什么、班风学风是什么。使之对班集体有一个直观而鲜明的印象，能积极参与到班级文化的建设中，并在班级文化的建设中感受文化魅力，感受语文学习的功用，努力实现语文教学和班级德育的双相促进。

(三) 引导家长立德，提升文化和品格修养

专题学习内容也要做到"立德为先"，要把家长的德行培养作为学习活动的重中之重。在家长中弘扬传统美德，呼吁家长做有道德的公民、有风范的长辈，营造良好家风，以自己的言行去带动孩子，让家长争做"根正、土沃、大格局"的"教育家"。

(四) 引导家长学会合作，提高家长的育儿水平

要借助专题学习的机会向家长传达各种教育政策、方针，促进他们了解基本的教育常识，能够把握孩子身心发展的规律，采用科学有效的

教育方法。

要通过学习让家长重视家庭教育的质量,明确父母的职责所在,明确家庭与学校合作育人的意义所在。能更好地和学校教育保持一致,能支持班级的各项工作,并且能在学校教育和家庭教育出现矛盾的时候,做出正确的处理。

二、专题学习内容多彩化

以师生家长共同参与、共同成长,共同营造好班风、好家风为目标,以协作育人、活动育人、文化育人为抓手,以班级专题培训的目的为宗旨,设计好班级专题学习的总体目标和学段目标,做好专题学习时间的分配,合理安排各种培训内容,力求内容的科学实用、有的放矢,也要兼顾形式的丰富多彩、与时俱进。要根据学年的课程设置和学生身心特点,从班级管理的问题和需要出发。专题学习规划详见表3-1。

表 3-1　××班级家校共育专题学习规划日程表

班级目标	学段目标	学习时间	学习内容	主讲人	学习时长	学习形式
注重"三全育人"，围绕"以善为宗，以孝为根，以雅为风，以和为媒"的治班理念，组织师生家长参与学习，努力打造风清气正、贤雅和谐、求实进取的优秀班集体。让每个学生学会做人，学会求知	抓德行养习惯	七上学初	家校协作，共育未来	班主任	90分钟	家长会
		七上期末	上善若水，孝道为先	志愿者	90分钟	讲座
		七下学初	初中应该帮助孩子养成哪些习惯？	家长	60分钟	讲座
		七下期末	学习家庭教育法	家长	45分钟	讲座
	抓沟通重过渡	八上学初	仪表堂堂，雅字护航	志愿者	90分钟	家长会
		八上期末	与青春期孩子沟通的方式及技巧	家长	60分钟	讲座
		八下学初	爱孩子是本能，尊重孩子是教养	家长	60分钟	讲座
		八下期末	"六个一"，帮助孩子规划暑假	家长	45分钟	经验交流
	抓中考调心态	九上学初	同气连枝，以和为贵	志愿者	90分钟	家长会
		九上期末	父母如何给孩子高质量的陪伴	家长	60分钟	讲座
		九下学初	优秀的孩子来自这样几种家庭	家长	60分钟	经验交流
		九下期末	不骄不馁，从容应考	心理教师	60分钟	家长会

　　以上内容的对象以家长为主，也有亲子同时学习的内容，如每一次以"传统文化"为内容的讲座，还有九年级最后一次学习活动"不骄不

馁,从容应考"。之所以面向学生和家长同步开展专题学习,原因有二。首先,传统文化中的道德教育事关每个家庭、每个成员,共同学习利于相互监督、对照实施、共同进步。其次,现在是孩子与家长合力共同发展的时代,面对中考,要做好准备的不仅是学生,还有他们背后的家长。家长只有做到懂孩子、懂中考,才能帮助孩子更好地完成学业。为迎接中考,家长和孩子一样都应该做好心理调适,以同理心去相处,同时也要以不同站位、以正确方法去迎接中考。

三、专题学习方法多样化

(一)要注意课程编排,有"守"有"变"

要以班级总体目标为核心,以每学期的奋斗目标为指引,科学设置内容。也要努力做到与时俱进,要针对当前社会日新月异的变化、学生身心突如其来的变化等,安排学习内容。

要有"守",有"变"。"守"的是"传统文化的弘扬",学生要学,老师要学,家长也要参与到学习中,才能更好地做好班级德育。也要有"变",社会每天都在进步,学生每天都在变化,政策方针也在不断优化,我们的学习内容要在学期计划的基础上顺应时代和学生的需求,同步调整。

如 2021 年 10 月 23 日第十三届全国人民代表大会常务委员会第三十一次会议通过了《中华人民共和国家庭教育促进法》,我们在针对家长开展的专题学习中,就应该把这个文件贯彻下去。要让家长从法律的角度认识到家庭教育的重要性,明确自己在孩子成长中的重要性;更要让家长知晓家校合作的必要性,了解家校共育的职责和方法。并能通过学习,努力做到亲自养育,加强亲子陪伴;共同参与,发挥父母双方的作用;相机而教,寓教于日常生活之中;潜移默化,言传与身教相结合;严慈相济,严格要求与关心爱护并重;尊重差异,根据年龄和个性特点进行科学引导；平等交流，予以子女尊重、理解和鼓励；相互促进，父母与子女共同成长。

（二）要保证主讲多变，有"主"有"辅"

要根据学习内容，选好主讲人。既要以班主任为主，又要避免班主任的"一言堂"。要利用好志愿者、专职心理教师、家长团队，用好人力资源。此外也要用好物力，如利用网络多媒体，播放优质的视频讲座，这样有如国学大师们亲临现场，使讲解更专业、更具说服力和教育影响力。

特别强调的是，在家长做主讲的时候，班主任要做适当的指导，如果直接分享现成的文字、视频等，就要注意时间节点，要关注班级中或孩子身上急需解决的问题，选择合适的内容。是要解决放假时间安排的问题，还是玩手机的问题；是要解决考前心理焦虑的问题，还是不自信的问题；等等。如果家长想分享自己的教育心得，那么班主任要帮助家长树立信心，帮忙安排程序，甚至修改稿件。

（三）学习方式要灵活，可"上"可"下"

如今通信技术发达，为提高效率，要充分用好各种会议软件，做好线上学习。要根据实际需要，做好、做到线上线下学习的结合。形式可以是讲座、交流等并用；方式可以是集中学，也可以是自主学习；内容可以是读书分享，也可以是听看讲座。

（四）学习日程要清晰，有"料"有"序"

要合理安排专题学习的时间和频率。每学期的初始和末尾，必须要安排学习。各月也应安排专题学习，可以由家长负责，安排30分钟以内的学习内容，以链接或文字的形式分享到家长群，供家长自学。

在专题学习中，要让班级的家长人人"有课讲"，人人"有话说"，可以给家长排好日程表，内容可自选，避免重复。但不要给家长过大的压力，每学期每位家长选择一个内容分享给全体家长就可以，时间可以固定在每周日晚上的 7 点,家长专题学习任务分配示例见表 3-2。

表 3-2　家长专题学习任务分配表

日期	形式	主讲人	内容	备注
3.14	分享链接	×××	家庭教育第一种方法——榜样	
3.21	分享文字	×××	夫妻关系对孩子的影响	
3.28	分享视频	×××	四招解决孩子爱玩手机的毛病	
4.4	自录讲座	×××	七张漫画告诉你:父母该怎么做	
……	……	……	……	
7.11	分享链接	×××	假期陪伴孩子,父母需要避免这些无效操作	
7.18	分享链接	×××	暑假别让孩子养成这 7 个坏习惯	
……	……	……	……	
8.22	分享链接	×××	暑假余额不足,这份"收心攻略"送给家长们	
10.24	分享文件	×××	《中华人民共和国家庭教育促进法》	

四、专题学习效果多得化

在专题学习方面,要目的明确、合理安排、精心组织、追求丰硕的成果。

(一)要赢得家长的支持及认可

教师要用自己教书育人的热情去感染家长,用自己有始有终的执着去带动家长,用自己与时俱进的理念去影响家长。让家长感受到教师的班级管理是专业的、科学的、与众不同的。

（二）要成就家庭的和谐与进步

不积跬步，无以至千里；不积小流，无以成江海。如果能把专题学习坚持三年，家长一定会有意想不到的收获。在学习中，家长自己的内心充盈了，困惑越来越少，方法越来越多，对孩子的教育也就越来越专业了。

家长能坚持去学习，就是给孩子树立好的榜样，就能够更好地实现亲子的共同成长。家风正、学风浓、亲子关系融洽，这就是一个家庭进步的无限潜力和不竭动力。

（三）要缔造班风的融洽和向上

修养好、三观正、讲方法、懂教育的家长教育出来的孩子也必将能很好地融入集体。懂教育的家长必能在孩子成长的过程中密切家校联系，配合教师工作。专题学习中的传统文化内容教育学生重孝悌、讲礼仪、贵和气，更能促进和谐、友爱班风的形成，更能促进学生在和谐的班集体中健康成长。

（四）要收获成绩的优秀与提升

专题学习的内容应围绕班级德育的总目标去设置，以"尚善"为核心，培养学生"自强不息，止于至善"的品格。这里的善，既是为人之"善"，即做人要存善心、说善语、行善举，也是做事之"善"，学习要善始善终，要止于至善，追求完美。在学习内容中，渗透这样的育人思想，也会使班级的德育水平和学科成绩得到提升。

（五）要促成教法的积淀与创新

在反复实践中，形成一个班级独特的成长模式：家校共育，德智并举。在用语文中强德育，在抓德育中学语文。另外，要不断改进、完善语文学习和德育管理有效结合的教育模式，形成实用、新颖、可推广的班级德育新模式。

此外,班级面向以家长群体为主的专题学习要侧重三个方面的内容:一是中华民族优秀的传统文化,二是与家庭教育相关的政策方针,三是家庭教育中普遍存在的问题及解决办法。要突出两个意识:一是在活动开展中促进实用性语文技能的学习和运用,二是用语文的知识和技能去教化家长,影响孩子。要想方设法给家长们上好开学第一课,有序开展传统文化育人课,坚持落实讲授实用家教方法的常态课。要引导家长由被动接受到形成习惯,再到主动参与。要通过初中三年的专题学习,丰富家长的精神世界,提高家长的人文修养,传授家长科学的家教方法,实现家长与老师、学生的共成长。

第四章 以文治班——用语文解决班级管理常见问题

"文化"是人类在社会历史发展过程中所创造的物质财富和精神财富的总和。而班级文化是一种个性文化,代表着班级的形象,体现了班级的生命力;它是班级全体师生共同创造的财富,是全体师生共同劳动的结晶;它是一个动态的、发展的系统工程,它的主体是学生。

第一节 用语文营造班级的文化氛围

在班级管理中,营造浓郁的班级文化氛围是班主任德育工作的重中之重,因为好的班级文化对班集体成员的教育起着润物无声的作用。学生一旦置身于班集体的文化氛围之中,他们的思想观念就会受到潜移默化的影响,日积月累就会形成与班级文化相契合的价值观。

所以,教师要充分发挥自己的育人智慧,让学生从语文学习中汲养,用语文庞大的知识体系、深厚的文化底蕴和实用的育人功能锻造班级的好文化、好氛围,让班级文化发挥应有的作用:使学生自觉约束自己的思想言行,抵制和排除不符合班级利益的各种行为;使集体的向心力和向上力不断增强,焕发无穷的力量和生机;使班级中的每个人精神振作、身心愉悦,人与人之间紧密团结,高度信任,人际关系和谐;使班级文化成为学生心灵的栖息地,使班集体与师生获得共同的成长与发展。

语文学科在营造浓郁的班级文化氛围过程中不可或缺,教师在班级文化的建设中要用好语文。

一、设计班级名片

班级名片的设计,包括班级名称、班级格言、班级目标、班主任寄语等,这里的所有内容都要字斟句酌。因为班级名片展示的不仅是班主任的育人理念,更是班级的整体形象。既要体现出科学的育人理念、丰富的人文内涵,还要有准确、得体的语言外衣。

例如,在宝清二中 2021 届初一学年的班级名片设计中,要求所有班级都姓"博",9 名班主任各显身手,结合自己的理念,竭尽所学,为班级起名。最后呈现出既有共性,又有个性的班级名称:一班——博采班,二班——博强班,三班——博智班,四班——博乐班,五班——博学班,六班——博雅班,七班——博毅班,八班——博礼班,九班——博信班。

以笔者所带的 2021 届一班为例,最初想"沿袭旧制",和上届班级一样叫"鸣飞班",寓意"不鸣则已,一鸣惊人;不飞则已,一飞冲天"。但校方有了新的指示:初一各班要统一姓"博",这就增加了工作难度。在琢磨班级名称的时候,真是煞费苦心,既要体现共性,又要契合班级发展规划,不能搞形式主义。育人理念和语文功底的完美结合,才能起出合适的班名。反复推敲后,选定"博采",寓意"博采众长"。

含班级目标、格言、寄语、集体照等的班级名片应该体现集体的智慧,应该发动全体同学参与。在这个活动中也要体现教师的主导作用和学生的主体地位,要在教师的"导"和学生的"做"中实现用已有的语文知识技能进行班级文化建设的目的。

在这次班级名片设计活动之初,笔者给学生们阐述了"带班愿景",

对学生提出了希望，然后由大家一起议定奋斗目标。有了目标，笔者又传达了学校设计班级名片的要求，大家一起起名字。我们把所有带"博"字的词都列了出来，大家根据班级目标一个个筛选，最后选定"博采"一词，既全面，又谦逊。然后学生们又根据班级名称、班级目标设计班级格言。笔者对学生提出要求：班级格言既要有对班名的解读，又要有对大家的警示和约束作用。如果能再好一点儿，最好押韵，这样可以在以后需要的时候响亮地喊出来。最后，学生们拟定的班级格言是"博采众长，成就自我；勇担使命，造福家国"，体现积极向上的个人追求和人生目标。

在整个设计过程中，笔者不断引导学生，从未知到求知，从探索到收获，学生体会到了语文的重要性。作为一名语文班主任，教书育人、传承文化的任务是艰巨的，教师在班级管理中，在语文教学中，应该抓住每一个"双管齐下，一举多得"的机会。

浓郁的班级文化氛围不仅体现在班级名片的设计中，还涉及许多要用到语文的地方。

二、设计座右铭

座右铭是人们激励、警诫、提醒自己，作为行动指南的格言。学生的座右铭，自己写一两句话或格言即可。将拟好的座右铭写在卡片上，贴在书桌右上角，用以勉励自己，鞭策自己，约束自己。

学生在设计座右铭的时候，首先要进行自我审视，对自己做出客观评价，并通过反思找出自身德行和学习上的问题所在。其次要通过查阅资料，学习、借鉴他人座右铭，设计拟定属于自己的座右铭。这个过程对学生而言，本身就是学习语文、运用语文和修身养性的过程；对整个班级来说，就是形成良好班风、促进班级目标实现的过程。

在实施的过程中，发现很多学生设计的座右铭针对性强、操作性强，而且富有创意和时代感。如：

"弱者放弃机会,强者把握机会,成功者创造机会。"

"少说话,别回头。管住自己,才配有更好的未来!"

"欲戴王冠,必承其重。哪有好命天赐,不过是一路披荆斩棘!"

"语文让你学富五车,英语让你走向世界。文科,别落后!"

"学习不是万能的,但是能让你有尊严。加油吧,少年!"

在上面的内容中,能读出学生对自己"把握机会""行为约束""砥砺奋进""全面发展""矢志向学"等方面的警示。这些内容是学生自觉自律、自立自强的决心,也是浓郁班级文化的一道风景。

三、设计个性笔名

在教育教学中,经常能发现学生有英文名。班级里有时候会出现好几个"Rose""Linda""Mary",这除了是英语课堂营造教学氛围的需要,也有一些是学生个人喜爱西方文化的表现,觉得有个英文名就时尚了。为了引导学生亲近母语,传承中华文化,也为了营造浓郁的班级文化氛围,还是要多用语文。比如:让学生在写作文的时候,可以用自己的笔名;如果对自己的现用名不满意,也可以请求老师、同学在班级里称呼他的笔名。

笔者曾带过一个学生,他就觉得自己的名字有点儿俗气。有一节课讲到司马迁的《陈涉世家》,提到《史记》中的一句名言"此鸟不飞则已,一飞冲天;不鸣则已,一鸣惊人",他就想给自己起个笔名叫"李一鸣",现在毕业十几年了,同学、老师们都叫他的笔名。

受这个教学案例的启发,在日后的班级管理中,笔者都要给学生一次"重生"的机会,就是让他们效仿古人,给自己起"字",或者效仿一些作家,给自己起"笔名"。但是一定要有对自己起的"字"或"笔名"的解读,要让大家知道这个名字所具有的含义或文化渊源。

这样的活动引起了学生极大的热情,学生们开始研究起"字"和"笔名"。于是知道了杜甫为什么名"甫"、字为什么是"子美",知道了李白为什么字"太白"，知道了李清照为什么号"易安居士"，也知道了周树人的笔名"鲁迅"寓意为何、老舍字"舍予"的含义。学生们开始琢磨自己的名号、表字，于是班级里面有了"粲然""云溪""琴心""复兴""广才"等名字。学生素养不一，性格各异，起出来的名字也是五花八门，但是在研究和实践的过程中，语文学习又一次和班级管理合二为一，彼此唤醒，彼此促进。

四、巧用名言警句

名言警句是人们对实践中的经验教训的提炼和总结，是历史文化精华的积淀，对后人有重要的指导意义和警示作用。在语文教学和班级管理过程中巧用名言警句，有利于学生积累写作素材，更利于他们正确对待学习、生活、成长过程中出现的问题，培养健康、有益的兴趣爱好，学会正确地做人和处事。

班级文化建设要让每一面墙壁都说话，黑板也是一块重要的阵地，特别是教室前方的、学生抬头便可见的"前黑板"。这块黑板不仅是各科教师传授文化知识的地方，也可以在板面周边留出空白，用作德育。其中，板面上方可以每周展示一条名言警句。这个频率既不会让搜集、书写名言的琐事给学生带来负担，又能给全体同学记忆积累、内化吸收的时间。这个活动重在坚持，久久为功。

在选择名言的时候，也要对学生进行必要的指导：如不要超过20字，因为板面有限，且要方便记忆；内容要有正能量，贴近学生实际，如有作者要写清。这样一来，学生每天目之所及都是名人伟人的智慧结晶，会被潜移默化地影响。于是他们知道了"过去属于死神，而未来属于你自己"，知道了"生命不是要超越别人，而是要超越自己"，知道了"最困难之时，就是我们离成功不远之日"，知道了"生命之灯因热情而点燃，生命之舟因拼搏而前行"，知道了"人生一世，一半为生存，一半为证明"。这样，学生在积累写作素材的同时，也提高了思想认识，语文学科在班级管理中发挥了重要的育人功能。

五、征集班歌词作

《孝经》道:"移风易俗,莫善于乐。"音乐在社会发展中所起的作用不仅是娱乐,它同样具有教育意义。音乐以美为核心,具有感于情、悟于德、通于智、和于心、践于行等特点。因此,在班级文化建设中,班歌是一个班级精神文化的载体,是学生们价值观的直接体现。

在学生中开展"班歌歌词有奖征集"活动,鼓励学生参与创作班歌、歌唱班歌,利用班歌表现班级精神和风貌。这样做不仅可以促进学生了解班级、学习语文,激发学生对母语的热爱,增进学生对班级的感情,还可以培养学生积极健康的审美情趣和审美能力。

以笔者带过的宝清二中 2011 届(10)班的原创班歌《加油,十班》为例,这首班歌以庞龙演唱的爱国歌曲《加油,中国》为原型,师生就曲作词,集体合唱,很有气势,更有魄力。班歌创作活动经历了征集、评选、修改、试唱、推广等环节,最终成为班级文化的独特亮点。

在前期征集的作品中,参与的学生都能把握原创班歌的基本要求,能通过歌词努力展现班级的风貌,表达爱集体、爱学习等思想。但是大多数学生在遣词造句上不够考究,特别是在歌词押韵上还不够精通。笔者像作文讲评课那样,面对全体学生,对每一首参赛作品进行点评。之后博采众长,集合全班同学的智慧,又融入教师的点拨指导,合作而成了一首新的班歌。

加油,十班!(宝清二中 2011 届(10)班班歌)

作词/宝清二中 2011 届(10)班师生 作曲/胡旭东

十班呦家长教子有方,十班呦老师德才双优;

十班咱学子斗志昂扬,十班人总能风雨同舟。

会做人十班美名远扬,会求知十班不甘人后;

会生活十班自立自强，会发展十班力争上游。

加油十班，十班加油！加油团结奋进并肩携手！

加油十班，十班加油！加油美好未来在等候！

加油，十班！加油，十班！

加油，十班！加油，十班！

会做人十班美名远扬，会求知十班不甘人后；

会生活十班自立自强，会发展十班力争上游。

加油十班，十班加油！加油拼搏才有前程锦绣！

加油十班，十班加油！加油十班栋梁遍九州！

加油十班，十班加油！加油拼搏才有前程锦绣！

加油十班，十班加油！加油十班栋梁遍九州！

加油，十班！

班歌既成，传唱不已。因为这是集体智慧的结晶，学生唱歌时的感受不仅是投入、陶醉，更多的是自豪。公开课、学校的拉歌活动中大家必唱班歌，每个学生都想通过自己的声音展示班级的力量。作词之时用语文，唱歌之时育心灵。

六、设置"美文圈"

在班级里能说话的地方、能营造浓郁班级文化氛围的地方，还有教室周围的墙壁，可以设置一个"美文圈"，"美文圈"的布置要规范、美观，不能让班级显得凌乱。"美文圈"可以环绕教室左右方和后方，主要展示学生平时的优秀习作，用 A4 纸统一规格，排版打印。在页面的设计上也要多花心思，可以给作文配上插图，用学生的笔名，体现写作个性。此外，尽量用彩印，黑色的文字，配以淡雅的插图，让学生想看、爱看、想写、乐写，争取让每个学生的作品都有机会出现在"美文圈"中。

这个环绕式的文化墙设计，目的有三：一是激励写作能力好的同学再接再厉;二是给全班同学提供参考借鉴的范文,促进班级整体写作水平提升,并形成学习上比学赶超、相互学习的氛围;三是丰富班级文化建设的内容,形成浓郁的文化气氛。

七、布置励学墙

励学墙是班级文化的重要组成部分,它是一面独立的墙壁,可以根据班级德育的目标设置墙面的栏目。

(一)学习规划区

这个板块主要用于展示学生的学习规划。规划应该包括学期的规划,并细化到每月、每周。最好用表格的方式呈现,一目了然,便于大家互相对照。

(二)阶段反思区

这个板块主要用于学生对阶段学习情况进行总结。要经常开展这种"回头看"的活动,让学生在回顾和反思中明确得失,知所从来,思所将往。

(三)榜样示范区

这个板块主要用于展示在各科学习中表现突出的学生,可以用简明的文字做相关介绍,展示出班级"学习明星"们的过人之处,要把他们的好行为、好方法真正提炼出来,以供全体学生借鉴。

(四)同舟共济区

这个板块主要用于学生间的相互勉励,倡导同学们热情参与。一方面,可以鼓励后进,如让大家写几行文字去勉励自己想帮助的人;另一方面,可以鼓励先进,为自己比较欣赏的同学写一段类似于颁奖词的评价。

以上内容多以文字为主，要随时更换。目的在于调动学生的各种知识储备，发挥个性所长，唤起个体对班级、对同学的热爱，以及对学习、对成功的追求。

八、用好黑板报

用语文来营造班级文化氛围，还包括教室后墙黑板报的设计。黑板报要尽量保证两周出一期。可以抓住特殊的节点，比如：九月份可以出"尊师重道""学初规划"等方面的内容，十月份可以出"爱党爱国""学习方法"等方面的内容。

板报宣传要让每个学生参与其中，可以把班级学生分成若干个板报组，安排好组长和组员的具体分工，给每个学生尝试体验、共同参与的机会。

学生在板报的选材、设计、书写中锻炼了学习能力、审美能力、合作能力，最终的成品——黑板报，又成了班级形象的展示园地，是班级文化的有机组成部分。

浓郁的班级文化当然少不了图书角的设置，还有班级悬挂的条幅作品，这些都是营造班级文化氛围不可或缺的有机组成。只要独具匠心，把语文运用得当，一定能发挥好这个学科在班级管理中的育人作用。

第二节　用语文开展丰富的班级活动

班级活动的开展能够丰富学生的体验，寓教于乐，达到活动育人、润物无声的德育效果。在活动开展过程中，从策划设计、方案撰写，到主持落实、活动总结，每个环节都少不了语文的介入。可以说，活动开展是以语文学习为前提，以班级德育为目的的。作为组织者、管理者和施教者，教师要让活动开展助力班级管理，促进语文应用，真正做到语文学习和班级管理的相互融合。班主任和语文教师要慧心独具、勇于探索，在教育教学实践中不断更新理念、改进方法。

一、引导学生用好语文，参与班级的竞职和述职活动

可以根据班级管理的需要设置相应的岗位，然后鼓励学生参加竞职演讲。这样做，一方面营造了班级中"能者上，弱者下"、勇于争先、力争上游的风气，给学生一个公平竞争和展示的平台；另一方面又能在指导学生参加竞职演讲的过程中，促进他们主动学习演讲的技巧，引领他们锤炼听说读写能力，提升他们的语文综合素养。

此项活动的开展，要鼓励学生积极参与，也要保护好落选学生的自尊心。班主任对学生心理的疏导特别重要：出彩的固然要赏识，委以重任；出局的也要安抚其情绪，培养他们抗挫折的能力。要让每个学生都保有持续的精神动能，做到胜不骄、败不馁；要让每个学生都意识到热情、责任和能力是不可或缺的；要让每个学生都感受到语文能力无论对现在还是未来、无论对学习还是工作都是至关重要的。

述职报告是任职者陈述自己任职情况、评议自己任职能力、接受上级领导考核和群众监督的一种应用文，具有汇报性、总结性和理论性的特点。述职报告要写出履行岗位职责的情况以及完成工作任务的成绩、问题、反思等。

述职活动大都是在成人中开展的，对于学生来说，参加这样的活动是有新鲜感和挑战性的。把述职引入班级，可以让身负班级管理责任的学生提前体验就业后的工作情况。此举可以通过富有仪式感的活动，激发学生对未知领域的探索、对现有工作的热情，也能让学生通过这样的形式反思自己一段时间内的工作情况，并与班级其他述职的同学做比

较,客观分析自己工作上的得失。

参加述职的学生在撰写报告的过程中,需要客观反思、对照查改,搜集信息、学习借鉴,组织语言、梳理成文。在述职的过程中,也会涉及语言表达、登台展示的技巧。几番磨炼,既提升了学生的管理能力,也提升了他们的语文水平。

二、引导学生用好语文,写好班级活动的方案和总结

策划案也称策划书,即对某个未来活动或者事件进行策划,并展现给读者的文本。策划案是目标规划的文字书,是实现目标的指路灯。策划案一般可以分为创业策划案、广告策划案、活动策划案、营销策划案、网站策划案、项目策划案、公关策划案、婚礼策划案等。

班级活动的开展要保证科学性、实效性,也要有周密的活动策划方案和活动总结。做好方案策划可以为活动开展做好充分的准备,使活动目的更明确,程序更清晰,细节更缜密,操作性更强,亮点更突出。及时地进行活动总结,便于回顾在活动中取得的成绩、存在的不足,为今后同类活动的开展积累更丰富的经验,能更好地发挥活动的作用。

一个活动的方案策划,需要的是新奇的创意、缜密的思维,但最终这些好想法、好做法需要用语言文字表述出来。一个活动的总结需要全面的回顾、客观的评价,还有对不足的反思以及改进的方法。无论哪方面都少不了语文做工具。

作为教师,要教给学生工作的技巧,要让学生感受到语文除了诗情画意,还是一个人生存发展的必须。在生活中、工作中,无时无处不需要语文。

班级的大小活动,都要力争做到先有方案、后有总结。小到一个小班会,也可以鼓励主持班会的学生做一个"主题班会策划案",这样显得比平时的"班会设计"更具体、更精细、更专业、更高端,会更容易提起学生的兴趣。每学期定期组织召开家长会,也可以调动学生的力量,告知

学生会议的程序,让他们参与活动方案的制订,教师和学生共同参与方案的论证,最后敲定最佳方案。特别是班级开展的其他大型活动,更要做好周密的部署,可以征集几份方案,选择最优者,或者融合众人所长,做出一个精品方案。

在活动方案的设计方面,可以对学生适当放宽要求,但是必须包括以下内容:活动主题、活动目的、活动时间、活动地点、参与对象、活动程序、活动准备、人员分工、活动亮点以及可能出现问题的解决预案。

为了发动更多的人参与,不妨以"班会活动的设计"为抓手,让设计者自己主持,每周可以安排至少两个人。在人员安排上,要做到强弱搭配。这样既能保证更多的人参与,又能保证设计效果,并能促进同学间的相互学习。

活动总结相对简单,更贴近学生的生活。需要指导学生的就是总结要及时、语言要简洁、内容要全面,多用事实说话,避免空话套话,要写出收获、不足和改进办法、努力方向等。

指导学生做方案、写总结,就是用语文促管理,是为了培养学生的综合能力。这样做,既提高了班级管理质量,也促进了学生语文能力的提升。

三、引导学生用好语文,撰写活动主持词和相关文稿

在语文教学中,要着重培养学生的文笔、口才,这在班级管理的实施中、在对班级成员的教化中也是至关重要的。班级大小活动的开展都要力求规范,力求实效。其中,活动所需的主持词和相关文稿也要以德育目标为导向,以语文写作表达为工具。要在文稿写作的过程中实现德育水平、语文成绩的双提高;要在主持、演说的过程中实现智、才的同进步。

班主任要做的就是积极为学生创造主持活动、撰写文稿的机会,让学生在实践中感受学好语文、学会做人就好比人生的双翼,会让学生飞得更高、更远。

以笔者所带班级开展过的主题为"我与祖国共成长"的班会观摩课为例。

笔者提前两周在班级发布班会主题，然后以语文综合实践作业的形式让学生设计方案、安排流程、撰写主持词，并结合班会设计撰写相关文稿。学生在班会方案设计的过程中需要查找资料、借鉴参考，需要推敲字词、修改润色，也需要请教老师同学、提升自我。更重要的是在完成"我与祖国共成长"这个主题时，学生会潜移默化地感受到祖国的发展变化带给每个中国人的福祉，这就达成了语文学习和思想教育的有机结合。同学们高度重视这个展示活动，都想为集体贡献自己的智慧和力量，涌现出很多优秀作品。最后班委会综合班级学生提交的文稿，取众人之长，邀班主任画龙点睛，生成最终用稿。这是全班同学智慧的结晶，让这次主题班会有了特别的意义。

这节班会课，我们这样邀请：

邀请函

尊敬的校领导：

七年三班将于 4 月 24 日下午第三节课在四楼东侧大会议室举行全校"我与祖国共成长"主题班会观摩活动，特邀您莅临指导！

七年三班班委会

2015 年 4 月 20 日

这节班会课，我们这样开场：

（甲）尊敬的各位领导、老师。

（乙）亲爱的同学们。

（合）大家好！

（甲）四月春光明媚，四月万物复苏。

（乙）四月春风送暖，四月大地换新颜。

（甲）忆往昔，四月是饥寒的岁月，四月是离乱的岁月。

（乙）看今朝，四月中华雄鹰在展翅，四月中国巨龙在腾飞。

（甲）改革开放为中国插上腾飞的翅膀。

（乙）科教兴国为中国带来崭新的希望。

（甲）我们为伟大的中华民族而骄傲！

（乙）我们为拥有这样的祖国而自豪！

（合）我宣布"我与祖国共成长"主题班会现在开始。

这节班会课，我们这样倡议：

倡议书

珍惜青春好年华、争做合格中学生，是我们的首要任务。为了大家能健康成长，我们七年三班班委会要向全体同学发出三点倡议：

一、向学、向上、向善。

不负青春韶华，不负师长教诲。专心致志，一心向学，求实进取，立志有为，百折不回，追求至善。

二、自觉、自立、自强。

自觉履行学生应尽义务，独立处理日常学习内容。全面发展，不甘人后，善于反思，严于律己，见贤思齐，争当先进。

三、爱班、爱校、爱国。

爱班如家，爱校如家，爱同学如兄弟姐妹。团结互助，共同进步。理想远大，树立报国之志，为中华腾飞而学习！

黑发不知勤学早，白首方悔读书迟。同学们千万不要错过学习的最佳时期。我们不是最优秀的，但我们要争做最勤奋的。今天，就是我们人生征途中的又一起跑线。让我们来比一比、赛一赛，看谁的成长最快！

七年三班班委会

2015 年 4 月 24 日

这节班会课，我们这样收束：

同学们的决心让我也很受感动。在这节班会课上，老师不仅和大家一起见证了家乡的发展，还看到了同学们在思想和能力上的长进。老师在无比欣慰的同时，还想再补充一个倡议：希望同学们肩负起自己的责任，对家长的殷殷期望负责，对老师的谆谆教诲负责，对自己的大好人生负责，对祖国和时代赋予我们的使命负责！当然，更要对你们刚刚签下的承诺负责。很想对同学们说，无论你处于什么位置，都不要轻言放弃。你们的人生才刚刚开始，幸福的生活就在前方向你们招手。所以永远不要放弃拼搏进取、健康成长、大展宏图的机会！最后祝愿同学们的明天更美好，祝愿我们伟大祖国的明天更辉煌！

学生在这节班会课的设计过程中，了解了共和国的成长历史，走近了那些为中国发展进步做出杰出贡献的人，学会了邀请函、主持词、倡议书的写法，提升了设计策划、主持沟通、会场布置、现场互动等多种能力，在思想上强化了爱国、爱家、爱班级的情怀，形成了合作学习、合作共事、合作共赢的意识。

四、引导学生用好语文，尝试写新闻报道展现班级风采

为班级写报道、发美篇，展现班级风采，营造班荣我荣的氛围，这是以语文学习促进班级管理、体现语文用武之地的又一举措。

要把这个方法推进好，首先要引导学生热爱集体，唤醒他们为班级献智献力的初心；其次要开展丰富多彩的班级活动，为学生提供可以报道的材料；再次要指导学生学会观察、捕捉素材，能够抓住班级宣传的亮点；最后要注意培养学生的语言文字应用能力，比如通过学习人教版语文八年级上册第一单元的新闻篇目，把握新闻报道的写法。此外，学生

还应具有一定的审美能力,比如做美篇需要的不仅是文字,还要配图,那么在拍照、选图的过程中就要斟酌光影、构图等,要突出插图的表现力,使之与文字相得益彰,起到最佳效果。

这个模式的构建过程,融入了活动育人、学科育人理念,锻炼了学生多方面的能力,是全面育人的有效途径。

学生的报道也要有展示的平台,受众人数愈多,愈能激发他们写报道的动力,绝不能只在班级内部读读了事。在这个网络技术发达的自媒体时代,一定要想方设法丰富宣传的途径,而不仅仅是学校的校报,要充分利用班级微博、QQ 空间、班级成员的朋友圈、班级公众号、美篇等。

报道也不要局限于一事一报,完全可以针对班级开展的活动,邀请全班学生参与报道。这样能吸引更多同学参与到活动、宣传中。在同一起点、同一平台的竞争中,受众面愈广,愈能起到宣传班级、锻炼学生的作用。

笔者所带班级曾经在上海真爱梦想公益基金会的支持下,组织部分同学参加了"去远方"研学活动,学生回来做了美篇报道,反响不错。类似活动和相关宣传还有很多,对学生语文学习、能力成长和班级德育都起到了积极的促进作用。

五、引导学生用好语文,做好个人规划,写好班级日记

规划即比较全面的长远的发展计划,是对未来整体性、长期性、基本性问题的思考和对未来进行设计的方案。

班级作为师生共同成长的阵地,要有整体规划;学生作为班级成长的个体,也要有个人的规划。规划具有综合性、系统性、时间性、强制性等特点。一份科学翔实的学业规划是对学生学习生活的引领,能让学生充分认识自我,扬长避短,找寻到自己努力的方向与实现途径,并坚定不移地走下去,利于学生发展以及各方面素质的形成。

（一）指导学生用好语文，做好规划

如何指导学生用好语文，做好规划，有预有序地成长为一个益于集体、益于社会的优秀人才呢？

1. 要引导学生审视自我

当局者迷，旁观者清。审视自我既要客观，又要全面。要从实际出发，客观公正地认识到自己的优势与不足，明确自己在生活中的位置和作用、表现和能力、思想素质和智力水平、性格兴趣和特长发展，以找到自己可以发展的强项和需要弥补的弱项。

2. 要引导学生定准方向

俗语说，方向不对，努力白费。只有把自己的方向定准，付出才不盲目，才能走向成功的道路。有的学生把精力过多地放在特长的培养上，结果贻误了文化课的学习，导致升学无望。也有的学生一门心思学习文化课，忽略了特长培养，影响了全面发展。所以在目标的确定上，一定要权衡利弊、分清主次、把握重点，目标必须具备确定性、专一性、合理性、有效性及可行性。

3. 要引导学生找对方法

成才有法，但无定法，贵在得法。为了达成目标，要努力在分析自身情况的基础上探寻方法，力求达到事半功倍的效果。点子要足够多，这样才能优中选优；方法要足够好，这样才能一举多得。在找方法的过程中，要立足当下，更要着眼未来，要自主探究，更要请教师长。做好科学分析论证，保证可行、高效。

4. 要引导学生细化日程

中学生的个人规划可以是一年的，也可以是三年的。无论时间长短,项目必须齐全,日程必须细化,要具体到年度、学期、月份,甚至是周目标、周措施、周完成情况等。

此外,在有了规划后,要引导学生惜时如金、只争朝夕,及早把规划付诸实践;要引导学生耐得住寂寞、吃得了苦头,遇到困难不退缩,保持锲而不舍的状态;还要做好定期回顾,不断调整优化,使规划更科学、更严密、更有操作性。

(二)指导学生写好日记,及时展读

写班级日记,读班级日记,在这个活动中,学生由受教育的单一角色变成既受教育又教育他人的双重角色。这不仅是对学生听说读写语文能力的训练,更是洗涤学生心灵、增强班集体凝聚力的有效途径。班级日记是班事,是班史,是语文接力棒,更是道德马拉松。

如何把以班级日记促进班级管理这个模式推进好呢?

1.动员在先,自感使命在肩

要做好学生的思想动员工作,让每个人认识到记录班级日记的意义,要让学生懂得班级日记写的是班级的大事小情,展示的是班级精神风貌,凝聚的是每个人的智慧和力量,更是日后回看师生成长的足迹和美好的回忆。要让学生在写班级日记的时候有一种责任感和使命感,班级美好的一天、难忘的日子都在自己的笔下流淌出来,任何人都不能以任何理由让集体的"班史"在自己的手里"断代"。还要注意选好"日记保管员",一定要细心谨慎,在日记的传递中不至丢失和损坏。

2.全员参与,旨在凝心聚力

班级可以设计"班级日记写作顺序表"(见表4-1),不管学生写作能力如何,都要鼓励他们参与记录。结合语文教学做好班级日记写作的前期指导,引导学生关注班级,体验学习生活,学习立意取材。总体方向不能变,一定要弘扬和传递好尊师重道、团结友爱、积极进取、健康成长、弘扬正气的主旋律和正能量。可以在班级日记的扉页上做一点儿有创意的设计，比如对联："大事小事班级之事事事可记，你心我心大家齐心心心为班。"

表4-1　班级日记写作顺序表

写作要求	1.立意要好,表现师生正能量　2.选材要好,突出班级新风貌 3.详略要好,取舍得当有主次　4.语言要好,行云流水有文采 5.书写要好,工整美观不勾抹　6.设计要好,图文并茂有情调				
姓名	日期	等级评价	姓名	日期	等级评价
×××			×××		
×××			×××		
×××			×××		
×××			×××		
×××			×××		
×××			×××		

3.精心设计,写出情调特色

在班级日记的写作上，要鼓励学生图文并茂。教师要帮学生做好心理调适，帮助他们以更积极的心态去接受这个任务。对着班级日记，想的是"责任担当""沟通交流""改革创新""弘扬正气"以及"追求格调"。要鼓励学生给本来平淡的一天加点儿色彩、来点儿创意。比如：在日记上方可以有翔实的信息介绍，除了日期、天气，还可以加上自己的心境；日记正文可以设计简易的插图、花边；日记后面可以附加"励志心语"。在写作时，要保证班级日记的共性：都是写班级内部的人与事。也要力求展现班级日记的个性：允许学生根据个人喜好，发挥所长，进行创意设计。

4.课前展读,做好交流分享

学生精心写出的班级日记,可以作为成果在每天语文课前展读。展读中,教师也要积极营造温馨的氛围,比如可以为学生配乐,要求其他学生认真倾听,及时掌声鼓励。朗读者可以在朗读后设置与日记内容相关的问题,检测听读者是否认真听取了相关内容。同学们可以从语文写作的角度以及班级管理的层面去谈自己的感想和评价。这个课前展示活动,既是成果的汇报,又是学生听说读写评能力的训练。在师生、生生的互动中,大家敞开心扉、倾听心声、热情赞美、真诚建议,这些都能使师生双方在感情上产生共鸣,搭建起沟通的桥梁,拉近心灵的距离。

5.嘉奖佳作,鼓励争先创优

既然要推选佳作,就要有据可依。要为班级日记设计出评价标准,也要体现民主平等的思想,要由教师和全体同学参与打分。对于优秀日记,可以采取多种方式给予嘉奖。比如:拍照发至朋友圈,让大家都来看一看;进行加工后,推荐校报发表或者选刊物投稿;颁发"优秀日记"证书和奖品;和家长沟通,满足孩子的一个合理的"微心愿";等等。这样以多种方式,促进学生间的相互学习、比学赶超。

6.集结成册,做到人手必备

为了让每个学生都有动力去创作,去坚持,去竭尽自己所能,每学期结束时都要把整个学期的班级日记的复制版本胶封成册发给学生,原版由班级保存。这是对全体学生写作水平、思想道德的一次公开检阅,所以每个学生都不甘人后,都努力超越自我。谁都不想自己原创的日记亚于他人,所以都会更加用心,更加注重取人之长。无论是字迹书写,还是版面设计,抑或立意选材、语言表达都有惊人进步。学生们写日记的时候想的都是求好、求更好。要把班级的好人好事、好精神、好状态、好方法、好前景写出来,要把自己的高水平、高质量、高创意写出来。这样,在向上向善的氛围中，潜移默化地弘扬了正气，优化了班风，实现了学生的自我管理，促进了班级的整体进步。

坚持写班级日记，是语文学习用于班级管理的极佳路径。此举创新了班级管理模式，使班级管理由"制度化"向"情感化"转型，使班级管理充满了人性化色彩，使学生自育、自制能力不断增强，是值得推广的一项好活动。无论是语文班主任，还是其他学科的班主任都值得尝试、坚持。

活动育人，润物无声。班级活动当然不局限于上述内容，每个班主任都有自己独到的方法，但语文学习和运用却是活动开展中不可或缺的因素，驾驭得恰到好处便能为活动锦上添花，潜移默化地产生育人作用。

第三节　用语文构建完善的班级制度

班级管理制度是为了实现班级管理目标而要求全体学生共同遵守的行为准则，是班级管理的规程。正所谓："不以规矩，不能成方圆。"建立健全一套相对合理的规章制度是保障班级管理的前提。认真贯彻落实班级规章制度，对于培养学生良好的行为习惯、促进学生完成各项学习任务、增强班集体的凝聚力和战斗力、推动良好班集体的形成与发展有十分重要的意义，是实现班集体建设目标和班级成员个人目标的必要手段之一。

良好的班级管理制度应该是全面的、系统的、民主的、科学的，应该追求针对性、灵活性、实效性、长效性。

良好的班级管理制度应该全面覆盖班级管理的各个方面，做到科学细致。大体可以分为以下几个方面：安全制度、纪律制度、学习制度、卫生制度、履职制度、奖惩制度。

良好的班级管理制度应该尊重全体成员(含学生、家长、任课教师)的意愿,尽量兼顾全体,并尊重差异。在制订制度时,要让学生全员参与,共同讨论,最后形成共识,要充分体现民主平等的原则。

建立良好的班级管理制度,目的不仅仅在于约束,更在于引导和激励。要处理好奖惩关系,要针对学生心理特点,以促进学生发展为目标,并在执行过程中不断优化,使班级管理制度具有可操作性。

在班级管理制度的建设过程中,要发挥全体成员的智慧,要广泛征求意见,要谦虚学习其他班级的先进经验。最终还要凭借多种语文能力,以文字形式形成适合自己班级的规章制度。

那么,如何巧用语文建设完善的班级管理制度呢?

一、巧用语文思维,设计主题班会,指向制度建设

可以发挥主题班会的作用,建立班级管理制度,助力集体成长。

(一) 明确班会目的

1. 让全体同学认识到班级管理制度对班集体发展和个人进步的意义,号召大家集思广益,参与到班级管理制度的建设中。

2. 让全体同学明确班级管理制度的具体分类,讨论各项制度的具体内容,积极为班级规章制度的建立建言献策。

3. 倡导全体同学尊重集体的智慧成果,严格自律,遵章守纪,自觉遵守集体制定的公约和制度。

(二) 做好班会准备

1. 主持人在老师的指导下设计班会简案。

2. 同学们围绕班会主题准备建议。

3. 设计板报,做班会所需 PPT,设计打印"××制度(试行)"表。

（三）设计班会程序

1. 主持人开场白。

2. 分组讨论：分 6 组讨论班级管理制度的具体内容。分别是："安全制度建设组""纪律制度建设组""学习制度建设组""卫生制度建设组""履职制度建设组""奖惩制度建设组"。

3. 组长汇报：大家针对各组讨论结果，畅所欲言，形成草案并修订。

4. 各组根据讨论结果，填写"××制度（试行）"表。

5. 班主任总结。

在班级管理制度建设的准备、动员阶段，语文无处不在。活动中有"自主——合作——探究"的学习模式，也有听说写评、质疑解疑、思辨巧用的语文活动。

二、再借语文功底，修订完善制度，力求科学实用

班级管理制度的建设不是一蹴而就的，最初的规定在实施中还需要不断改进和完善。在这个过程中，需要草拟、试行、修订。集集体智慧、借语文之力生成的管理制度，在一定程度上促进了班级管理。成果如下：

安全伴我在校园，我把安全带回家
"博采班"安全管理制度（试行）

为进一步增强班级学生的安全意识，确保学生的身心安全，经"安全制度建设组"同等提议，全体同学研究，班级家长委员会和教师们审议，特制定"博采班"安全管理制度，试行期为两个月。

1. 注意交通安全

上下学要遵守交通规则，右侧通行，不在路上逗留玩耍，不骑飞车；

过马路要一停、二看、三通过;乘坐公交车要注意上下车安全。

2. 注意交友安全

慎交网友,不交损友;和陌生人交往要有自我保护意识,不随便透露个人信息,不与陌生人外出游玩。

3. 注意用电安全

多关注班级电源开关、电线、护眼灯等是否有安全隐患,如有问题,及时上报;相关负责人要保证离人切断教室一切电源。

4. 注意食品安全

尽量不吃小食摊上的食品,超市买的零食一定要关注生产日期、保质期;少吃油炸类、膨化类食品,少喝碳酸饮料,不吃过期食品;还要注意食物相克的情况。

5. 注意活动安全

体育课、活动课以及社会实践课,要以安全为前提,要有居安思危的意识;要结合自身情况和活动特点,考虑到可能出现的问题,做到防患于未然。

6. 注意言行安全

言行举止要文明,不要因为言语过激、行为乖张,而引发打架、骂人等人身攻击行为;在出入教室、上下楼过程中,要有礼有序,尤其要防止拥堵、踩踏现象的发生;不带棍棒、利器等不安全物品进入校园。

7. 注意手机安全

学会辨别诈骗信息,通过安全的渠道下载软件;合理使用手机,避免时间过长造成对视力的伤害;避免过分依赖手机,影响学习;不要让手机成为谈情说爱的"帮凶"及考试作弊的工具。

8. 注意阅读、游戏安全

不看暴力色情类的书籍,不沉迷于网络游戏,不浏览内容不健康的网页。

9. 注意放火防震安全

如果有火灾、地震等特殊情况发生,要严格遵循学校平时演练的要求,有序撤离。

没有纪律,就没有战斗性
"博采班"纪律管理制度(试行)

良好纪律是班级有序运行的前提,是学生走向成才之路的保障。没有好的纪律,就没有有战斗力的班集体,就没有中考的好成绩。所以必须增强班级学生的纪律意识,让学生养成遵规守纪的习惯。经"纪律制度建设组"同学提议,全体同学研究,班级家长委员会和教师们审议,特制定"博采班"纪律管理制度,试行期为两个月。

1.课堂纪律要求

守时守纪,尊敬老师。视听结合,手脑并用,保持精力集中。桌面有书本,手边有纸笔,眼里有老师。服从安排听指挥,主动参与学习,做好随堂记录。听讲要全神贯注,回答要声音洪亮,合作要深入有效,记录要有重点、有条理、有速度。不散漫怠惰,不干扰他人,不做与课堂无关的事。

2.课间纪律要求

不喧哗、不打闹,不吃零食、口香糖,多休息、多放松,多为学习养精神。准备好下节课的课堂用品。

3.自习纪律要求

先要明确"自习"的内涵,即"自己学习""自主学习""自由学习"。"自己学习"意味着要"独立";"自主学习"意味着要"主动";"自由学习"意味着要"自律",也意味着可以自己选择学习内容。

再要保证自习效果。一要求"静":"不左顾右盼""不随意走动""不窃窃私语""不随意讨论"。二要求"学":要"学有内容""学有质量""学有方法""学有效率"。

4.外出纪律要求

走出校园参加社会实践活动或去劳动与技术教育中心上课时:一要

遵守交通规则,注意安全隐患,保证人身安全;二要注意个人形象,待人接物讲究礼仪,做到举止文明、谈吐有礼;三要讲究公德,爱护环境卫生,遵守公共秩序。

5.劳动纪律要求

主动参与劳动,不观望,不偷懒,不拈轻怕重、斤斤计较,能与大家同甘共苦。班干部要起带头作用,吃苦在前,享受在后。全体成员要保证安全、保证效率,要充分体会劳动的意义。

6.两操纪律要求

光明可贵,近视可惜,眼保健操要坚持。坐姿要端正,动作要规范,节奏要跟住,手法要到位。

阳光体育,强身健体,大课间操要做好。出操要快,站队要齐,做操要静。动作规范,合拍有力,退场有序。

7.参会纪律要求

准时出席,不得间离。坐姿、站姿端正,精力集中,保持安静,做好会议记录,积极参与研讨,入场退场遵守秩序。不做与会议无关的事,不交头接耳。

8.食宿纪律要求

进出食堂有秩序,饭前洗手讲卫生,用餐文明不争抢,珍惜粮食不浪费。住校生要按时作息,有事请假。慎用水电,注意安全。被褥整齐,保持卫生。注意团结,不拉帮结派。不在宿舍内追赶、打闹、大声喧哗,不在宿舍内吸烟、喝酒、赌博、玩危险游戏。

9.工作纪律要求

学生干部要严于律己,以身作则。要明确自身工作内容,各司其职,一丝不苟,公平公正,团结同学,共同进步。工作中,不找理由推诿敷衍,不徇私舞弊,不使用暴力,不做表面文章,不搞形式主义。

10.出入校园纪律要求

严格遵守学校的作息时间,不迟到、不早退。进校前,应按照到校先后顺序在校门内指定地点排队等候,并保持队伍安静、地面整洁;进校时，应按照班级先后顺序，有序进入，保持服饰整洁，形象端庄大方；离校时，应在班级相关负责人的指挥下排队集体离校，不得在校内逗留、玩耍、奔跑，以免相互碰撞或跌倒；离校后，应及时回家，不得在校门周边长时间逗留，以免发生意外。在校期间，不得中途离校；如遇病事假，应主动持班主任开具的出门条，在门卫处做好登记。

学习成就人生，态度决定未来
"博采班"学习管理制度（试行）

学习是学生的主要任务，一个学生在学习上投入的多寡，决定着他学习效果的好坏。不吃学习的苦，就要吃生活的苦。为让同学们现在的每一天过得充实、高效，为将来优质的生活奠基，必须增强班级学生的学习意识，养成良好的学习习惯。经"学习制度建设组"同学提议，全体同学研究，班级家长委员会和教师们审议，特制定"博采班"学习管理制度，试行期为两个月。

1. 预习要求

努力养成"跑在前面"的预习习惯。

预习要有针对性。不必全科兼顾，而要把薄弱学科的预习放在首位。要把有限的时间分配得恰到好处。

预习要讲科学性。要文理搭配，难易结合，新旧衔接。要根据学科特点选择恰当的预习方法：文科以朗读、圈点勾画、了解要点为主；理科以发现疑难、归纳问题为主。

预习要有实效性。保证质量，要体现在量化上，要在预习中明确上课时需要强化的重点和突破的难点。

预习要有持久性。要善于利用零散的时间，在预习中锤炼自己的韧性和耐力。

2. 听课要求

保持积极的听课态度，怀有强烈的求知欲望，坚决避免做与课堂无关的事。要把注意力集中在书本、老师、黑板和课件上,养成专心致志、聚精会神、目不暇视、耳不旁听的好习惯。要做到"学思结合,手脑并用",能勤思多问,善于质疑解疑,善于与教师、同学进行讨论交流。要眼勤手勤,学会记课堂笔记。

3. 复习要求

一要回归教材,夯实基础,温故知新,稳扎稳打。

二要归纳要点,梳理知识,系统复习,合理有序。

三要查缺补漏,分析利弊,扬长补短,有所侧重。

四要揣摩例题,寻找规律,总结归纳,生成方法,做到举一反三,触类旁通。

五要精练习题,可以参照日常整理的"错题集",直逼难点,响鼓重槌,对症下药,反复练习,抓住易错点,总结经验,提高解题能力。

六要研究考题,把握命题方向,研究评分标准,让复习有的放矢,事半功倍。

4. 作业要求

首先,要有专用的"作业记录本",逐条记清每天作业的内容和要求。

其次,要保证作业完成的质量,避免"有量无质",要做到书写整洁、字迹清楚、格式规范。要独立思考,认真完成,不依赖各种搜题软件。

再次,要努力养成自主检查、自主订正作业的良好习惯,认真对待老师的批改评价,对易错题要改正并整理在错题本上。

最后,要保证及时完成、按时上交、限时订正。

5. 阅读要求

要充分认识到阅读的重要性,有自己的阅读计划,多读纸质书籍。要读整本的书,每年阅读总量不应少于30万字。

家中有自己的藏书。能合理利用零用钱购书,力争每月购书并读完一本,让阅读成为随时随地可以完成的事。

提倡借阅,可以到学校和公益图书馆等地阅览,也可以同学间借阅,促进书籍的流通和使用。借阅书籍要切忌损坏、涂抹。

依照正确的方法阅读，要把握名著名篇的精髓，做到学以致用。鼓励做好读书分享、摘录或写读书心得。

6.考试要求

要做好充分的准备，包括文具的准备、知识的储备、心理的调适，做到有备无患、从容应考。

严格遵守考试时间和纪律，做诚信考生。要认真执行考试程序，服从监考教师指令。

认真审题，规范答题，做好答题卡填涂，合理分配考试时间，对于突发状况要请求监考教师帮助。

不要在考场、楼道内喧哗，考试后不要讨论上场考试相关问题。

7.出勤要求

必须在每学期开学时按学校规定时间返校，从开学第一天起开始考勤，考勤结果记入"学生综合素质测评"。

要按时到校，按时上课，按时参加学校统一组织的各项活动。做到不迟到、不早退、不旷课、不随意请假。因故不能参加学习或活动时，必须履行请假手续，否则按旷课处理。

每旷课一节扣其综合素质测评学业分0.5分，上限5分；一学期全勤者，除按规定在综合素质测评品德表现中加4分外，另在学业分中加1分。考勤情况作为学生综合测评、各类评比、评优以及申报助、奖学金的重要依据。

请病假一周以内的，应当有家长证明；请病假一周以上的，应当有县级以上医院开具的病假证明。凡有无故旷课、迟到、早退等记录的学生，取消其参加各类先进评比、奖学金评选资格。

8.小组组建要求

要求全体组员明确小组组建的目的——发挥团队的力量，扬长避短，相互学习，共同进步。

同学之间要发扬团结友爱、互帮互助的精神，不以任何理由歧视他人，要彼此包容，接纳队友，服从班级整体调配。

因班级总人数原因,小组人数不必平均分配,但必须保证每组至少6人,小组组长的产生由全班同学民主推荐。组员的产生一考虑组长意愿,组长有优先选择组员的权利;二考虑学习水平的差异;三考虑组员性别、性格的平衡。努力做到学科、性别、性格、成绩等方面的均衡,以更好发挥小组在学习和活动中的作用。

小组成员的座位安排采用就近的原则,便于成员间的学习和交流,便于课上合作学习的开展。

小组的组织建设由组长安排,要有组内公约、奋斗目标、人员分工等。

9. 合作学习要求

首先要端正态度。要有团队意识,怀有谦逊宽容的心态,学会欣赏和悦纳他人。在与同学相处的过程中,要换位思考,将心比心,做到己所不欲,勿施于人。

其次要热情参与,善于合作,懂得分享。组员要融于小组之中,服从组长安排,处理好自主和合作的关系,要在合作中实现自我提升。组长要做好活动的组织和汇报工作,要调动好组员的积极性,调控好合作的进程。组员对于自己的困惑和疑难要谦虚地请教,对于自己的发现和经验要慷慨地分享。

最后要保证效果。要在合作中自觉自律,要各抒己见、畅所欲言,又不能信口胡言、偏离主题。要保证合作的效率,要集众人智慧,就要学会倾听他人意见,善于发表自己想法,也要学会中肯客观地评价和建议。要以长善救失、互动、互补、互进为目的。要努力做到不在时间上拖延,不在纪律上散漫,不在求知上落后。

10. 标兵评比要求

班级设有"道德标兵""学习标兵""能力标兵""特长标兵""劳动标兵",标准如下。

"道德标兵"要求:

品德高尚,是班级的道德模范,具有助人为乐的爱心、公平正义的精神、诚实守信的品质、无私奉献的担当、团结友爱的觉悟、文明儒雅的举止、孝亲尊师的美德。

"学习标兵"要求：

有远大的学习目标、端正的学习态度、科学的学习方法、持之以恒的学习劲头。学习成绩优异，能做到各学科均衡发展。在课上、课下以及学习的各个环节中都能起到表率和带头作用，并且有强烈的责任感，能主动帮助其他同学。

"能力标兵"要求：

思想进步，责任心强。能主动履职，积极完成班级事务。工作主动性、积极性、创新性、实效性强。能力过人，有口皆碑，能游刃有余地完成各项工作，有较强的组织协调和管理能力，能胜任本职工作。在班集体的管理中做出突出贡献，是同学的贴心人、老师的好助手。

"特长标兵"要求：

品德考核合格，没有劣迹行为。在音体美微等方面，有明显高于他人之处。在年级或校内外各级各类活动和竞赛中表现过人。

"劳动标兵"要求：

主动劳动、积极劳动、热爱劳动。有正确的劳动观和劳动态度，有良好的劳动习惯。在班级的各项劳动中能吃苦耐劳，总能冲在苦累脏乱的第一线。有高超的劳动技能，在同学中能起到很好的传、帮、带作用。在平时甘于奉献，责任心强，能主动维护班级的环境卫生，积极为集体贡献力量。

告别陋习讲卫生，洒扫净化树新风
"博采班"卫生管理制度（试行）

个人卫生和环境卫生都是文明程度的象征。同学们管理好个人卫生，是对自己的健康、形象负责，也是对他人的礼貌和尊重；管理好集体的卫生是"以班为家"主人翁责任感的体现。一屋不扫，何以扫天下。

卫生事小,关乎文明,关乎责任。为营造"净化""美化""香化"的班级环境,经"卫生制度建设组"同学提议,全体同学研究,班级家长委员会和教师们审议,特制定"博采班"卫生管理制度,试行期为两个月。

1.个人卫生要求

在校期间,校服着装要整洁干净,特别是领口、袖口、前胸等处要重点关注。

要保持发型的整齐。男生每月至少理发一次,定于每月25日为集体理发日,发型为冬季6毫米卡尺,夏季3毫米卡尺;女生梳端庄青春的马尾辫,不要扎戴特别夸张的发饰。

每天刷牙,保持口腔清洁、口气清新。

每天洗脚、换袜子,定期洗澡,勤剪指甲,不染指甲,也要关注细节,注意鞋的清洁。

要注意学习物品的整理和个人书桌、所在地面的清洁,营造良好的学习环境。

2.班级卫生要求

清扫范围:地面、窗台、桌椅、黑板、绿植等。

清扫要求:扫地要扫净,保证无死角;拖地要拖净,保证无残留;台面要擦净,保证无灰尘;垃圾要倒净,保证无脏污;桌椅要摆正,保证成直线。

保持要求:班级卫生负责人、值日生组长要做好巡视,做好班级日常卫生的检查和维护,班级同学要有环保意识,先保证自己座位的整洁。全体同学都要发挥主人翁精神,积极参与到班级环境的建设中,发现不妥之处,及时处理。

3.室内分担区卫生要求

清扫范围:班级外走廊,班级负责的方厅、楼梯以及功能教室的卫生。

清扫要求:学校大扫除中,功能教室卫生清扫同班级一样标准,此外要把玻璃擦净。班级外走廊、方厅还需注意墙围、楼梯扶手的清洁擦拭要到位。

保持要求：负责人作为第一责任人要监管到位，各块负责人要清扫到位，全体同学要保持到位。

4.室外分担区卫生要求

清扫范围：地面、树丛、花圃、运动场地等。

清扫要求：一扫，扫地要扫净，保证无死角。特别要注意季节性的清扫侧重不一。春季风沙大，要关注是否有别处飞来的纸屑、塑料袋等；秋季要特别注意落叶和枯枝的清理；冬季要及时清雪。二倒，垃圾要倒净，保证无脏污。要特别关注分担区内的室外垃圾箱的周边卫生。

保持要求：负责人作为第一责任人要监管到位，各块负责人要清扫到位，全体同学要保持到位。

5.公共卫生要求

在公共场所要尤其爱护环境，做到不随地吐痰，不乱扔果皮、纸屑和废弃物，不随意践踏、采摘花草，不在墙壁上乱写乱画，不把零食、水果、快餐等带到他人工作的场所。使用公共卫生间时，要做到"去也冲冲"。

6.心理卫生要求

要树立正确的人生观。能够进行自我评估、自我检查与自我督促，并且也能正确评价他人的行为。能防止并克服心理冲突。

要学会应对生活、学习与工作中的问题，保持积极心态和乐观向上的情绪。

要参加有益的集体活动。多进行正常而友好的交往，主动消除忧愁，振奋精神。

要多审视自我。要了解自己的长处与短处，经常用心理健康的标准来衡量自己的行为，促进心理健康。制订目标要切实可行，处理问题要量力而行。

此外，要追求健康的生活品位，保持作息的规律、兴趣的高雅，杜绝不良嗜好。

活在责任和义务里

"博采班"履职管理制度(试行)

班级荣辱,人人有责。托尔斯泰曾说:"一个人若是没有热情,他将一事无成,而热情的基点正是责任心。"为促进同学们对自己负责、对班级负责,积极承担起分内的责任,做好班级管理的各项事务。经"履职制度建设组"同学提议,全体同学研究,班级家长委员会和教师们审议,特制定"博采班"履职管理制度,试行期为两个月。

1. 班主任助理要求

学生助理在班级中应各方面表现出众,令人心悦诚服。

首先,要有高度的责任心,在工作中有大局意识,有不计个人得失的奉献精神。

其次,要做大家的好榜样,人品要好,学习要优,并能做到全面发展,带动全班。

再次,要有过人的管理才干,能协助班主任管理好班级纪律,督促好同学学习,组织好集体活动,指导好同学生活。

最后,工作要踏实有成效。在班级管理中能起到联系师生、沟通家长的桥梁和纽带作用。能真抓实干,敢于创新,团结同学,有自己的想法和做法,对班级整体工作的开展有不可替代的作用。

2. 班委会成员要求

在全校同职学生中是"排头兵",才干和职位相称。要明确自己的工作职责,有服务意识和奉献精神,有一定的管理能力和不懈的学习精神,善于创新和探索,能在工作中不断成长进步。

能服从指挥和安排,有组织性、纪律性和积极性。能积极配合班主任助理的工作,做好本职工作,并兼顾其他工作。竭尽全力完成好学校、班主任、科任教师安排的各项工作。

能坚持原则,敢于同不良思想和行为做斗争,自觉维护集体荣誉。能热爱集体、关心他人,主动帮助家庭困难和学习困难的同学共同进步。

3. 团支部成员要求

加强班级团支部建设，做好团员的管理。定期在教师的指导下，做好全体同学的思想政治工作。能结合时事组织班级的政治学习活动，负责组织全班团员、积极分子，按时完成学校团委布置的各项任务。负责发展新团员的工作，负责对团外积极分子的帮助和引导，使之尽快达到团员标准，监督班级的各项管理工作。

4. 课代表要求

负责完成本学科教师委派的任务，例如：收发作业、试卷，准备课堂教具，协助教师做各种演示。及时搜集同学们对教师教学的意见和建议，并及时向教师反映。协助教师调查、了解、分析本学科学习中存在的问题，并配合教师一起解决问题。

5. 学习组长要求

组织本组同学完成学习上的各项任务，做好记录与统计。协助班级干部维持本组纪律，做好记录。课上组织好合作学习，假期定期进行组内成员作业的检查和汇报工作。

6. 学科状元要求

某一单科成绩最高，能成为全班同学的学习榜样和挑战对象。要既能"输入"，又能"输出"，可以胜任该学科的"讲题小能手"一职，并愿意做大家的"学科义务讲解员"，能"广收门徒"，在班级的"师徒结对""学友互助"等活动中积极贡献力量。

7. 班级管家要求

主管班级财务，负责班级经费的收支和记录。要有一定的商业头脑和财会能力，要有办法带领全班同学"发家致富"，充实班级经费。在勤工俭学、废品回收等创收活动中，有必需的组织领导能力。要关心同学生活，了解同学在生活方面的意见和要求，及时向班主任反馈。

8. 细节事务负责人要求

班级细节事务的分配及负责人要求见表4-2。

表4-2 "博采班"班级事务分配及负责人要求表

序号	责任事项	负责人	负责人要求
1	日记保管	×××	每日收发班级日记,保证不丢失、损坏
2	图书管理	×××	做好借阅记录,保证不丢失、破损
3	粉笔使用	×××	粉笔取用,杜绝乱扔粉笔头现象
4	板报宣传	×××	半月出一期板报,考试时黑板擦净
5	护花使者	×××	班级绿植养护,保证花草不被损坏
6	桌椅维护	×××	看管桌面,保证不被恶意破坏
7	节能大使	×××	依需开灯,及时关灯
8	两操质检	×××	督促同学出操、做操,做好记录
9	仪表督查	×××	检查校牌佩戴、校服穿着、发型仪表
10	物品摆放	×××	物品摆放整齐有序、干净整洁
11	门窗管理	×××	按时开关,保证安全
12	班级电脑	×××	及时开关,做好课前调试
13	回收站长	×××	负责回收班级废纸、旧物
14	文明监督	×××	监督同学的言行举止,做好记录
15	弘扬正气	×××	记录好人好事,为同学树立学习榜样
16	零食监督	×××	监督在校吃零食现象
17	卫生保洁	×××	随时检查班内、室内外分担区卫生情况
18	格言管理	×××	书写黑板格言,保证内容和书写质量
19	擦黑板	×××	负责班级每天的黑板卫生
20	课前提示	×××	督促同学做好每节课前的用品准备
21	秩序管理	×××	管理进出校门的纪律
22	领读员	×××	诵读经典及语文、英语课课前热读
23	作业清单	×××	负责整理好每日作业清单,上交学校

奖赏有功人，警诫落后者

"博采班"奖惩管理制度（试行）

班级管理要奖罚分明，这样既能鼓励先进，又能鞭策后进。奖励与惩罚既要体现在物质上，也要体现在精神上。奖罚分明才能帮助学生树立正确的价值观，加强责任感，增强集体的凝聚力、战斗力。经"奖惩制度建设组"同学提议，全体同学研究，班级家长委员会和教师们审议，特制定"博采班"奖惩管理制度，试行期为两个月。

1. 奖励标准与办法见表4-3。

表4-3 "博采班"奖励标准与办法细则

奖励类别	评选标准	奖励层次	奖励办法	
			班级	家庭
道德标兵	品德高尚，是班级的道德模范具有助人为乐的爱心、公平正义的精神、诚实守信的品质、无私奉献的担当、团结友爱的觉悟、文明儒雅的举止、孝亲尊师的美德	月标兵	1.综评加0.5分 2.颁发证书	自定义
		学期标兵	1.综评加1分 2.颁发证书	自定义
		年度标兵	1.综评加2分 2.颁发证书	自定义
学习标兵	有远大的学习目标、端正的学习态度、科学的学习方法、持之以恒的学习劲头。学习成绩优异，能做到各学科均衡发展。在课上、课下以及学习的各个环节中都能起到表率和带头作用，并且有强烈的责任感，能主动帮助其他同学	月标兵	1.综评加0.5分 2.颁发证书	自定义
		学期标兵	1.综评加1分 2.颁发证书	自定义
		年度标兵	1.综评加2分 2.颁发证书	自定义

（续表）

奖励类别	评选标准	奖励层次	奖励办法	
			班级	家庭
能力标兵	思想进步,责任心强。能主动履职,积极完成班级事务。工作主动性、积极性、创新性、实效性强。能力过人,有口皆碑,能游刃有余地完成各项工作,有较强的组织协调和管理能力,能胜任本职工作。在班集体的管理中做出突出贡献,是同学的贴心人、老师的好助手	月标兵	1.综评加0.5分 2.颁发证书	自定义
		学期标兵	1.综评加1分 2.颁发证书	自定义
		年度标兵	1.综评加2分 2.颁发证书	自定义
特长标兵	品德考核合格,没有劣迹行为。在音体美微等方面,有明显高于他人之处。在年级或校内外各级各类活动和竞赛中表现过人	月标兵	1.综评加0.5分 2.颁发证书	自定义
		学期标兵	1.综评加1分 2.颁发证书	自定义
		年度标兵	1.综评加2分 2.颁发证书	自定义
劳动标兵	主动劳动、积极劳动、热爱劳动。有正确的劳动观和劳动态度,有良好的劳动习惯。在班级的各项劳动中能吃苦耐劳,总能冲在苦累脏乱的第一线。有高超的劳动技能,在同学中能起到很好的传、帮、带作用。在平时甘于奉献,责任心强,能主动维护班级的环境卫生,积极为集体贡献力量	月标兵	1.综评加0.5分 2.颁发证书	自定义
		学期标兵	1.综评加1分 2.颁发证书	自定义
		年度标兵	1.综评加2分 2.颁发证书	自定义

（续表）

奖励类别	评选标准	奖励层次	奖励办法	
			班级	家庭
特殊贡献	在班级某一领域有突出贡献，或在临时委派的任务中表现突出，起到正面的积极作用	月标兵	1. 综评加 0.5 分 2. 颁发证书	自定义
		学期标兵	1. 综评加 1 分 2. 颁发证书	自定义
		年度标兵	1. 综评加 2 分 2. 颁发证书	自定义

2. 惩罚事由与措施见表 4-4。

表 4-4   "博采班"惩罚事由与措施细则

类别	惩罚事由	惩罚措施
出勤	迟到、早退、间离、旷课	为同学、班级或学校做一件实事，将功补过
上课	睡觉、说笑、吃零食等	面壁 20 分钟，做 200 字书面检讨
两操	不认真做操、不按时出操	劳动改造，项目自选；身体无碍者，也可罚长跑 800 米
课间	嬉笑喧哗、破坏秩序	做一周班级纪律督查员，管理班级课间纪律
卫生	个人卫生不合格、座位卫生不过关	做一周班级卫生监督员，检查学生个人及班级卫生
自习	不学习、不守纪、不服从管理	取消当周自习资格，由老师指定学习任务
道德	说脏话、打架骂人、破坏团结、校园欺凌	视情节轻重，给予警告、记过或停课反省处分；综评降档；取消各种评优资格
仪表	留长发、怪发、染发、化妆，等等	责令马上整改，明知故犯，记过 1 次，综评扣分
作业	不完成作业、抄袭作业，屡教不改	限时完成作业，附加公开批评，通报家长，请求家长介入。屡教不改者，综评扣分

（续表）

类别	惩罚事由	惩罚措施
履职	责任心缺失,不作为、乱作为	批评训导,限期整改,如若不改,直接免职
手机	未经允许带手机入校园,在公开平台发布负能量信息	没收手机并暂由老师或家长管理,限期删除相关信息
考试	以各种原因逃避考试或作弊	说服教育,对舞弊现象严惩不贷,作书面检讨,并取消当科考试成绩,综评降档

3. 奖学金制度

"博采班"奖学金制度实施方案

一、指导思想

在"双减"背景下,要努力做到减负不减质。勉励学生学知识、长本事,引导学生认识到知识就是财富的道理。

二、发放办法

1. 家长负责到银行给孩子办专属励学卡,此卡仅用于奖学金存储。

2. 采取月结制,每月统计好孩子应得金额,存入卡中。

3. 此卡只存不取,初中毕业前,孩子有持有权,没有消费权。

三、奖励标准

(一)平时成绩

1. 作业得"优""100""A",1元/次。

2. 上课积极,得红卡,1元/张。

3. 班级日记 A 档,10元/次。

(二)竞赛成绩

1. 校级:一等奖10元,二等奖5元,三等奖3元,优秀奖2元。

2. 县级:一等奖20元,二等奖15元,三等奖10元,优秀奖5元。

3. 市级：一等奖 50 元，二等奖 30 元，三等奖 20 元，优秀奖 10 元。

4. 省级：一等奖 100 元，二等奖 50 元，三等奖 30 元，优秀奖 20 元。

5. 国家级：一等奖 200 元，二等奖 100 元，三等奖 80 元，优秀奖 50 元。

（三）考试成绩

1. 期中考试：单科状元，20 元/科；超平均分奖，2 元/分。

2. 期末考试：单科状元，40 元/科；超平均分奖，4 元/分。

（四）阶段评价

1. 综合素质评价

含五个维度：自尊自爱，仪表大方；诚实守信，礼貌待人；遵规守纪，勤奋学习；勤劳俭朴，孝敬父母；严于律己，遵守公德。

任一维度的评价结果为 A，则奖励 10 元，可累计，下同。

2. 科任教师评价

含四个维度：学习态度、学习习惯、学习方法、学习效果。

3. 学生民主评价

含三个维度：道德品质、工作能力、学习表现。

四、兑现要求

1. 家长不可以更改标准。

2. 班级做汇总，公示奖学金情况。

3. 家长收到通知后，一周内将奖学金打到孩子的励学卡中，回执上传班级群。

本方案从 2021 年 10 月 1 日起试行，希望大家积极配合，共同营造求实进取、力争上游的班风、学风。

宝清县第二中学 2021 届"博采班"

2021 年 9 月 24 日

第四节　用语文实现师生的亲密沟通

沟通是人与人之间思想、感情的传递和反馈的过程,以求双方思想达成一致和感情的通畅。

师生之间、生生之间、亲子之间的良好沟通对班级管理有重要意义。有效的沟通可以增进班级成员之间的了解,增强班集体的凝聚力和向心力。有利于构建和谐的班级人际关系,促进班级各项工作的开展。班主任要积极创造机会,引导学生做好与同学、老师、家长之间的沟通,培养他们主动沟通、善于沟通的能力。特别是要把在语文学习中形成的听说读写技能巧妙地用于人际沟通之中,以此促进自己良好个性的形成,满足情感互动的需求,加强肯定自我,解决人际交往中的各种矛盾,推动学习和工作的开展。

要做好沟通,就要发挥好班主任和语文教师的管理及育人作用,要指导学生了解沟通的目的、沟通的范围、沟通的内容、沟通的方法等。

一、明确沟通的目的

要在班级里进行有效沟通,必须明确目标。对于班级管理者来说,目标管理是进行有效沟通的一种方法。在目标管理中,班级成员都着眼于完成目标,这就使沟通有了一个共同的基础。比如班级沟通目标可以这样设定:

1. 做到大事化小,小事化了。化解日常学习及生活中产生的各种矛盾;开诚布公,解除班级成员间不必要的误会和猜疑,促进彼此了解,产生心理认同,增进感情和信任。

2. 能够相互理解,换位思考。以责人之心责己,以恕己之心恕人,客观地审视自己和他人,学会包容谦让,构建和谐的人际关系,善于与人共处,能融入集体。

3. 善于自我调节,进行自育。学会与自己沟通,排遣压力,能应对生活中的挫折和压力,培养积极健康、乐观阳光的心态。

4. 学会分享分担,求同存异。培养团队共赢意识,明确做人做事的方向和方法,增强家庭、班级、人际圈带来的归属感和安全感。

二、了解沟通的分类

(一)正式沟通和非正式沟通

班级是一个组织,那么沟通的分类就可以遵循组织系统沟通分类的规律,分为正式沟通和非正式沟通。正式沟通如班级内部的通知发布、工作布置、工作汇报、各种会议等。

另一种是随机性的信息传递和交流,被称为非正式沟通,如班级成员间的私人交谈、家庭会餐及小团体的学习、娱乐活动等。非正式沟通的形式比较灵活。

(二)下行沟通、上行沟通和平行沟通

下行沟通是上级向下级传递信息,在班级中就是师长对学生的沟通、班干部对普通学生的沟通。这种沟通方式大体是师长向学生传达要求、进行思想动员或方法指导等。这种自上而下的沟通能够协调班级内部的关系,增强师长和学生之间的联系,对学生具有督导、指挥、协调和帮助等作用。

上行沟通是指由下级向上级传递信息,在班级中就是学生向教师、家长、班干部的沟通,如向家长、教师汇报学习情况、提出自己的建议和

意见、表述自己的态度等。

平行沟通是指同级之间传递信息。在班级中就是教师与教师、教师与家长、学生与学生之间的沟通，当然也可以扩大到班级与班级之间的沟通，如两个班级的联谊活动。这样的沟通有助于加强相互间的了解，增强团结，强化协作，减少矛盾和冲突，改善人与人之间的关系。

（三）单向沟通和双向沟通

单向沟通只是一方向另一方发出信息，双方无论在语言上，还是在表情动作上都不存在反馈信息。如发指示、下命令、做演讲、做报告等都是单向沟通。

双向沟通在班级管理中一般表现为谈心、协商、讨论或征求意见等，信息发出后，会立即得到反馈。双向沟通可以增进彼此了解，建立良好的人际关系。

（四）口头沟通和书面沟通

口头沟通即口头交流，如会谈、讨论、会议以及电话联系等。其优点是有亲切感，可以用表情、语调等增强沟通的效果，可以马上获得对方的反馈，具有双向沟通的好处，且富有弹性，可以随机应变。但如果传达者口齿不清或不能掌握要点做简洁的意见表达，则无法使接收者了解其意图；如果接收者不专心、不注意，则会因口头沟通的一闪即逝，而无法回头追认。

书面沟通即指通过微信群公告、班级通知、致家长或学生的书信、日常随笔、心得感言等方式进行的信息交流。其优点是具有一定的严肃性、规范性、权威性，信息不容易在传达中被歪曲，可以作为档案材料和参考资料长期保存。书面沟通相较于口头沟通可以更详细地供接收者慢慢阅读，细细领会。其缺点是沟通方式不灵活，感情因素相对较少，对文字能力要求较高。

班级管理中，口头沟通简便易行，教师要高度重视，同时也要用好书面沟通方式,尤其应注意文字的可读性、规范性,要做到:言之有物,内容充实,可读性强;语言流畅,以情动人,感染力强;有理有据,以理服人,逻辑性强;切中问题,阐明策略,实用性强。

三、扩大沟通的范围

沟通应辐射到班集体的每个成员,包括师生间的沟通、亲子间的沟通、师长间的沟通、同学间的沟通以及学生与自我的沟通。

四、熟知沟通的内容

包括:人际交往中的误会与矛盾,学习成长中的困惑与方法,工作落实中的分工与合作,等等。

五、掌握沟通的方法

班级沟通应以班主任为主导,全体学生和家长为主体。要保证沟通的有效性,不仅需要充分了解学生的年龄、心理特点、个性特点以及实际问题的情况,遵循教育的规律,而且需要注重交流方式的选择。因此,把握沟通时机、选择恰当的交流方式往往可以使教育效果事半功倍。

（一）集体教育式

这种沟通形式面向班级全体学生或家长,进行有主题、有计划的集体教育,具体形式以"主题班会""家长会"为主,也可以是"听讲座""谈心得",即主要针对班级多数学生普遍存在的思想与学习等各方面的问题,进行有目的、有针对性的专题性辅导。例如:在学习过程中,如何提高学习效率,如何应对考试,如何克服考试焦虑;在人际交往中,如何得体地待人接物;在家庭教育中,如何做好孩子的手机管理、如何进行有效的陪伴;等等。这需要班主任做大量的摸底、调查、统计、整理等有关的信息收集与分析工作,并注重交流过程中师生之间的互动,使交流不仅具有真实性与专题性,而且具有互动性和平等性。

(二)个别谈话式

这种形式在班级管理中主要表现为教师与学生一对一的交流,主要针对个性特征鲜明、自尊心强的学生,在思想、学习、班级生活中存在的问题(或某些不宜公开的事情)进行耐心、细致的辅导。在个别谈话前,一定要对学生各方面的情况进行信息收集与分析,使交流具有针对性。在与学生交流的过程中,教师要注意自己的言行举止,使学生感受到交流是平等、真诚、可信赖的,以免学生产生不信任感或抵触情绪。

(三)点评交流式

口头交流的作用往往是短暂的,很多学生当时触动很大,可是时间久了,教育作用也就淡了,所以书面交流的作用不可忽略。语文教师更有职业优势,一定要抓住作业点评的机会渗透思想教育,作文、日记都是教育学生的好阵地,一方面可以教学生学语文,另一方面可以教学生学做人。

非语文学科的班主任也可以通过其他点评交流形式,如查阅学生作业、学习计划、阶段总结或班级值日日志等,了解学生在思想、学习、生活中存在的问题,并依据自己的分析与判断,写出对学生存在问题的看法与建议,指导学生的日常行为。学生也可以写出自己的见解、想法及体会,形成师生之间书面上的双向交流。

(四)信笺传情式

纸短情长,见字如面,书信的温度总是让人回味悠长。当写信人与读信人感情共鸣时,其情至真;当写信人与读信人感情交织时,其情至浓。书信毕竟不同于微信、QQ 的直白简单,书信字句中的情感或藏或露，值得玩味。

在班级管理中，以信件沟通是既传统又现代的方式，是既有效又有情的方式。传统指教师可以用纸质的书信与学生沟通，为避免邮寄的烦琐，班级可以设置一个信箱；现代指可以通过电子邮件的形式与学生沟通，可以统计班级学生的邮箱地址并做成电子通信录；有效指信件的内容一般不会丢失，可以反复阅读，从而达到持续沟通的目的；有情指信件可以拉近写信人和读信人心灵的距离，促进二者之间感情的升温。

班级可以创造条件，开展活动，推动这种沟通方式的形成。如五月份时，让学生们以母亲节为契机，给自己的妈妈写一封信；六月份时，让学生们以父亲节为契机，给自己的爸爸写一封信；九月份时，让学生们以教师节为契机，给自己的老师写一封信。此外，可以根据班级管理的需要，让学生用好信件沟通的方式。

当然，也要注意沟通的双向性，最好要有回信。教师每学期也应给全体家长写一次信，在班级特殊的节点应给全体学生写信。笔者在班级管理中，就充分利用自己作为语文教师的优势，经常给学生写信，曾经靠这些文字温暖、感动、鼓舞过很多学生。比如一次母亲节前夕，我曾给学生写了一封信，当时配着纯音乐《烛光里的妈妈》读给学生听，很多学生感动地流下了眼泪，然后我又趁热打铁，让他们都给自己的父母写封信，表达感恩之情。此举促进了亲子沟通，一举多得。

母亲节致同学们的一封信

同学们：

你们好！今天请允许我以一位母亲的身份，代表你们的父母，向你们一吐心声。

此时，你们听到的曲子叫《烛光里的妈妈》，不知道这么深情的音乐，有没有勾起你们对亲情的追忆。

那么，让我来问问你吧：说到亲情，你是否第一时间想起了你的爸妈？那么，他们此刻在忙些什么呢？你愿意和我一起感悟亲情吗？

好,让我们在缓缓的音乐中,在记忆的长河中,在如烟的往事中,慢慢地找寻我们父母的身影,静静地品味父母的关爱吧!你的一日三餐,是谁为你准备的?你的洗洗涮涮,是谁为你操持的?再看看你身上的一切,从头到脚,从里到外,还有你佩戴的眼镜、手表,喜欢的零食,是谁为你买单的?你生病的时候,谁最着急心疼?你进步的时候,谁最心花怒放?谁总是为你大发雷霆,又常常被你气的愁容不展,甚至泪流满面?对了!还有从你出生开始,整整两三年,是谁为了让你夜里睡个好觉而要每晚起来三四次?还有从你会吃饭开始,到现在你成长的十几年,是谁为让你能长大有个好身体,而千方百计给你加营养?还有,从你读幼儿园开始到小学毕业,甚至是到今天,是谁每天送你上学、接你放学,风雨不误?

身体发肤,受之父母。你们乌黑的头发、明亮的眼睛、灵巧的双手、健康的体魄,还有此刻正在跃动的心脏、正在思索的大脑、正在倾听的双耳、正欲表达心声的唇齿,都是父母给你的。是你的爸妈给了你鲜活的生命,又给了你幸福的生活,是不是?他们的皱纹多了,你却越来越强壮了,他们的脊背弯了,你却越来越挺拔了,对不对?

天大地大,父母恩大。你有没有想过要报答他们?那么,让我们来反思一下吧,我们是如何回报父母的?有没有做过对不起他们的事?有没有拿着父母的血汗钱大肆挥霍?有没有仗着父母的宠爱任性妄为?你在课堂上说笑的时候,有没有想过爸爸妈妈正在辛苦的忙碌?你在大手大脚的时候,有没有想过爸爸妈妈为他们自己花钱的时候总是精打细算?你在打着青春期叛逆的旗号,对父母出言不逊、横加指责的时候,有没有想过你伤害了这个世界上最疼爱你的人?

同学们,当你一时冲动顶撞父母时,你可曾想过是谁教会了你说话?当你和父母赌气离家出走的时候,你是不是忘了是谁教会了你走路?

同学们、孩子们,今天和大家说这些,是希望你们在不养儿时也知父母恩,更希望你们懂得滴水之恩涌泉相报。我们这些做家长的,生你们、养你们,也不图什么,对你们唯一的要求就是你们一定要好好的,好好学习，好好成长，好好地追求进步。好好的，将来才能自立于社会；好好的，才有能力创造自己的幸福生活。用那句很有诗意的话说：你若安好，便是晴天。你们是幸福的，我们就是快乐的，因为你们就是爸爸妈妈的生命，我们这辈子都在为你们而活！

孩子们，当爸当妈的愿意为你们苦，愿意为你们累，必要时也愿意为你们献出生命。那你们愿为爸妈的期望，愿为自己的前途，献出你的努力吗？

爱你们的沈老师
2016 年 5 月 6 日

正所谓：行百里者半九十，越是接近成功越困难，越疲倦越容易放弃。所以笔者为鼓励学生坚持到底，曾在一次邻近中考时，给全体学生写了一封信，鼓舞了学生的斗志，效果喜人。

向中考进军——致全体同学

亲爱的同学们：

今天让我们以年轻人的名义，以满腔的斗志和激情，向中考宣战！

为了这一战，我们苦等了三年，我们早起晚睡，与星月做伴，风雨兼程。为了这一战，我们奋进了三年，我们在书山学海中前行，我们在汗水泪水中奋进。为了这一战，我们准备了三年，激烈的竞争，个人的前途，父母的期盼，更有恩师的重托，哪一样我们都没有理由辜负……

现在，中考终于来了，还有 15 天！15 天何其短暂，我们马上就能痛痛快快地大战一场。15 天的苦累算得了什么？苦，我们忍着；累，我们挺着！因为我们是永不言败的三班人！三班，三班，非同一般！在备战中考最艰苦的日子里，我们会攻坚克难，我们会并肩向前，我们定会在火热的七月收获辉煌。

同学们，我们只有 15 天，15 天你能努力完成作业吗？你能克服小毛病吗？你能坚持听好每节课吗？你能主动问题吗？你能在心中定下中考的目标吗？你能给自己找个对手并暗暗地与之竞争吗？你能珍惜初中仅剩的时日，做更好的自己吗？你能调整好自己，始终保持积极乐观又不甘人后的心态吗？同学们，因为能，所以能，同学们能做到这些，也一定能在中考中取得满意的成绩！

同学们，想想我们最初的选择和曾经奋斗的历程，你还能停止向前的脚步吗？想想父母为你付出的辛苦和老师寄予你们的厚望，你还能对我们的关爱无动于衷吗？想想美好的前程和做人的尊严，你还能自甘堕落一事无成吗？

同学们，我希望你们无论处于一个什么样的水平，无论最终能不能考上高中，都要为中考拼一回。因为拼搏的人生最美丽，不放弃的学生最可爱。我愿我的学生都能踏踏实实地学习，风风光光地做人。宁肯身受苦，不让脸受热，我愿我的学生们都能活出一个人起码的尊严，在力所能及的事情上不让别人说出一个"不"字。学习，你能行；中考，你能行。所以大家在挑战面前千万不要认输，千万不要低头，别人不行，我能行，别人能行，我更行！

吃得苦中苦，方为人上人。同学们一定要坚守你的诺言，走上坡路，做人上人。老师、家长期待你的精彩表现，努力当从今日始。有人说：不苦不累，初三无味；不拼不搏，等于白活。所以同学们一定要为理想，早起三更，读迎晨曦！为目标，晚卧夜半，全力以赴！让我们从今天开始，全副武装，全力以赴，咬紧牙关，排除万难，向中考进军！

同学们加油！

爱你们的沈老师

2017 年 6 月 10 日

（五）展板沟通式

在班级墙壁的空白处或者黑板报中设置一栏目，专门用于班级成员间的公开沟通，可以给这个空间起一个温馨的名字，如"心立方""真情桥"等。在沟通内容上教师要设限，以达到育人效果。公开的必须是真诚的、正面的，以表扬鼓励为主，也可以向他人道歉或进行自我批评。鼓励大家在展板上敞开心扉、反思自我、展示好人好事、撰写励志心语等。要体现出心中有爱、笔下有德的好风尚。

（六）公文沟通式

为了更好地把语文学习和班级管理融为一体，不妨倡导学生进行公文沟通。这样的沟通比较规范，更容易引起重视，促进学生学语文、用语文，同时也方便了班级管理。除了上文特别提到的书信沟通，还可以采用申请书、请假条、建议书、邀请函、倡议书、求职信、总结报告等方式进行沟通。

作为班级的管理者，教师要努力让这种沟通方式形成惯例，让学生感受到班级一律"公事公办"的风气。这既是学语文、用语文，又是管班级、育学生。如思想积极上进，想加入中国共产主义青年团，那就得遵章办事，得先递交入团申请书；有事需要请假，老师批不批，要看你请假条写得是否规范，理由是否正当；对班级管理、教师教学有什么意见，也要试着写写建议书；班级开展大型活动，邀请领导或者科任教师及家长参加的时候，可以写一份正式的邀请函，给受邀者足够的礼遇；对于班级的职务，有意向者可以试着写求职信，自我推荐，赢得认可。在这种沟通方式中，语文能力是第一关。

（七）自我反思式

俗语说：知人者智，自知者明。自我沟通能让人更加清楚地认识自己。自我沟通也称内向沟通，这种沟通方式比较特别，是自己与心灵的对话,是自己与自己的沟通。自我沟通的首要条件在于认知,要对自己有一个客观公正的判断,明确自己的不足、障碍、限制、缺陷。然后能用心去感觉、体悟,使自己的心开放,增加自我沟通的内心动力。自我反思式的沟通,"知"是最重要的。要在"知"中"知己知彼,客观分析";要在"知"中"坚定志向,宁静致远";要在"知"中"心安理得,思虑周详"。最终要有所收获。

为了达成自我反思式沟通的效果,班级可以组织学生定期反思,即针对自身存在的问题,结合教师、家长的点拨,进行自我反思、自我分析与自我解剖,理性思考自己的得与失,明确自己前进的方向与方法,更要形成书面文字,以备日后进行自我行动结果的比对参照。

(八)定期接待式

班主任可以根据自己的工作内容,合理设立家长接待日和学生接待日。

1.家长接待日

可选择每月的第一个和最后一个工作日,将这两天设为家长接待日,接待日要有固定安排。

时间要固定:接待时间可以根据教师的课程安排,发布给全体家长,如上午9—11点、下午3—5点,每位家长半小时内。

地点要固定:为不影响同事办公,可在学校无人的教室、会议室或接待室接待家长。

形式要固定:只接受面对面交流,电话、微信等交流可以放在其他时间。

记录要固定:每次接待后要有固定的记录,保证工作留痕;记录也可以作为效果评估的参照,为后续工作打好基础。家长接待日情况记录表见表4-5。

表 4-5　××××届××班家长接待日情况记录表

家长姓名	接待时间	沟通要点	交流时长	后续效果	备注	家长签字

2.学生接待日

可以设置在工作日的 5 日、15 日、25 日。

这三天的班级管理要放权给班委会成员，充分发挥学生所长，给学生创造自觉、自律、自我成长的空间。班主任则从烦琐的班级事务中解放出来，用于学生问题的疏导。学生接待，要注意以下几点。

时间要机动：要以生为本，把学生的利益放在第一位。教师和学生都要考虑时间问题和课程进度等问题，做好权衡，不可以顾此失彼。

教师要主动：很多学生没有主动沟通的勇气，怕见老师，羞于交流。这就要求班主任通过日常的观察，锁定需要沟通的对象，主动邀见学生。

内容要保密：和学生谈话的内容，如果涉及个人隐私，教师要在以后的教育教学中做好保密，给学生充分的安全感。

过程要轻松：教师要保持良好的精神状态，言行举止要拿捏好尺度，要赢得学生的信赖和亲近，做到亦师亦友。

结果要高效：如果教师能做到每月约见所有学生一次，这对学生的心理疏导、行为引导是非常有利的。教师时间有限，必须追求实效、高效，可以平均分配给每个学生 10 分钟，特殊情况可以另择他日，择机再谈。教师还要做好充分的准备，除了学生主动沟通的内容，教师也要有既定的谈话内容，保证谈话的针对性。

　　记录要坚持:班主任应该有"学生接待记录本",内容不一定要非常详细,但是应该有过程梗概。这个记录本既是学生成长的足迹,也是教师努力的痕迹,更是学生成长、教师能力提升的可考资料。学生接待日情况记录表见表4-6。

表4-6　××××届××班学生接待日情况记录表

学生姓名	接待时间	沟通要点	交流时长	后续效果	备注	学生签字

(九)深入家庭式

　　家访是进行个别家庭教育指导的一种常用的有效方式,这种面对面交流的效果是社交软件所不能达到的。

　　在"百名教师访千家"的大背景下,各级各类学校纷纷开展此类活动,家访的实效性更加突显。家访作为班级管理工作的一项重要内容,是连接学校和家庭的重要纽带,是密切家校关系和师生关系的重要桥梁,是提升学校教育和家庭教育水平的重要途径。

　　教师家访要目的明确。一般是与家长沟通学生的情况,密切关系,共同商讨教育孩子的方式方法。一方面要通过与学生、家长交流,了解每一个学生的家庭状况、学习环境、性格特点、在家表现以及家长的希望、要求、教育方法等,为今后的教学工作奠定基础。另一方面要通过向学生家长讲述学校教育的基本情况,帮助家长树立正确的教育理念,解决其家庭教育方面的一些困惑,增强家长的责任意识和信任度,使家长也主动参与到学校的教育教学管理中来，和学校携手共同做好学生的教育工作。

六、提高沟通的能力

上述几种沟通方法，是班级管理中不可或缺的抓手。而要实现良好的沟通，发挥以文治班的功用，非要用好语文的听说读写不可。

（一）要实现与班级成员的良好沟通，需要具备听的能力

善于倾听是沟通的第一步，只有学会倾听，才能走进他人心灵。做教师的，要不断锤炼自己听的能力，要多听听科任教师的心声，多听听学生家长的诉求，多听听孩子们的需要。

但是，有的教师的倾听能力较弱。有的是"不全的倾听"，只倾听那些能满足自我需要、维护自己的形象和尊严、产生自我成就感的声音，对那些于己不利的声音就加以排斥和压制；有的是"虚假的倾听"，即表面上摆出一副倾听的姿态，好像是在接纳学生的声音，其实并未入耳、入心；有的是"错误的倾听"，对于学生的申诉或叙说的内容、方向和潜在意义，班主任不能准确把握，要么南辕北辙，要么断章取义。

要做好班级管理，班主任的倾听尤为重要，那么倾听的重点是什么呢？

一要倾听学生的欲望和需求。如：班级管理中经常会遇到学生提出"换座"的要求，这时要耐心倾听学生的理由，合理的要求要满足，错误的要求要引导，过分的要求要拒绝。

二要倾听学生的思想和感情。要从倾听中，听出学生的主动和被动、积极和消沉、欢乐和喜悦、焦虑和压抑。要通过这些耐心、细致的倾听，把握学生的思想动态，及时加以引导。

三要倾听学生的困惑和苦恼。了解学生的心结，体会他们的压力，帮助他们解决学习和生活中的困扰和难题，引导他们走出阴霾，开启他

们的心智,做好学生学习路上、人生路上的引路人。

要想把"听"的功能发挥得更好,要想和学生沟通得更密切,班主任一定要端正听的态度。要真诚平等、充分尊重,让学生感受到班主任的诚意。

要专注警觉。对来自学生的每一种声音的原因、特点和隐藏的变化趋势要时刻保持敏感,以便能捕捉学生的言外之意、弦外之音乃至破绽之处,并能洞察学生的细微变化,尤其是学生情感、心理等方面的变化。

要执着冷静。对学生语无伦次、不着边际的表达要有足够的耐心,对学生过激的语言、失控的情绪要足够的淡定。

要宽容诚信。善于面对不同性格的学生,倾听各种不同的声音,要信守诺言,说到做到。

要察言观色。倾听也是一个"望""闻""问""切"的过程。班主任在倾听时,要学会"望",即在"闻"的同时学会察言观色,观察学生的举止、神态,辅以"问",洞察他们的内心世界,最终实现"切"中核心。这样,倾听才会更富有实效。

(二)要实现与班级成员的良好沟通,需要具备说的能力

著名教育家夸美纽斯说过:"教师的嘴是一个源泉,从那里可以产生知识的溪流。"苏霍姆林斯基说:"教师的语言修养极大程度上决定着学生脑力劳动的效率。"班主任与学生之间的交流十分频繁,同样的一句话以不同的方式来说会产生截然不同的效果。班主任有必要掌握说话的语言艺术,并不断锤炼、提高自己的语言技巧。那么教师要怎么"说"呢?

说要看对象:班主任的工作对象是学生,而学生是千差万别的,班主任在运用语言技巧时,应因人而异。

说要分场合:一般说来,表扬要在明处,适合大庭广众。当着全班同学去表扬,既鼓励了受表扬的学生继续扬长,也为其他学生树立了榜样。批评要在暗处,最好私下里进行。要呵护学生的自尊心,不要让学生生

活在被训斥、被否定的环境中。另外，上学科课时，"说"要严谨简练，有逻辑性和启发性；班会课上，"说"要有感召力、鼓舞性；课下时，"说"要亲切自然；学生犯错时，"说"要有震慑力。

说要选内容：良言一句三冬暖，恶语伤人六月寒。班主任要多说有正能量的话，杜绝消极暗示；要少说重复老套的话，避免唠唠叨叨、千篇一律，让学生产生精神疲劳。

（三）要实现与班级成员的良好沟通，需要具备读的能力

教师平时要多阅读，积累各种知识，让自己的沟通有货有料。教师要积极给自己创造好的阅读环境，并提高阅读效率，让阅读更有乐趣。

（四）要实现与班级成员的良好沟通，需要具备写的能力

教师在平时的工作和生活当中，经常会使用到书面沟通方式，这就要求教师多练习写作，同时做个有心人，随时把自己的所见所闻、生活感悟、心得体会记录下来，教师要善于收集资料，积累素材，发现身边的小故事，挖掘大道理。

如果说情感交流是班级沟通的桥梁纽带，那么语文学习就是班级管理得以顺利开展的"润滑剂"。用好语文，可以促进班级成员间进行恰当、及时、真诚、平等的情感与思想的交流；可以促进师生双方的相互理解、信任、合作；可以推动班级管理工作落到实处，营造出一个真诚、理解、信任、尊重的意识场；可以让班主任和全体班级成员在轻松、愉快的氛围中，品味真情、享受感动、体验成功，可以使师生双方的思想得以升华、灵魂得以净化、品位得以提升。

可以说，以文治班一举多得，可以提升班级管理的水准，可以让崇高的思想品德在班级的沃土中生根、发芽、开花、结果！

第五章 以德促教——用德育优化语文教师教学行为

第一节 教育失衡,透析语文教学之规

一、语文教学中"根本任务"的阶段解读

"语文",原名为"国文"。1950 年 8 月,教育部颁布《小学语文课程暂行标准(草案)》,使用"语文"作为学科名称。这个更名,丰富了语文教育的内涵。据叶圣陶先生对"语文"的解释,"口头为语,书面为文",语文教学应该把口头语言和书面语言的表达作为根本任务,杜绝"重文轻语"的现象。

新中国成立后,《语文课程标准》经过几次修订,但始终不变的要求是"九年义务教育阶段的语文课程,必须面向全体学生,使学生获得基本的语文素养"。

这个基本素养,又丰富了语文教育的内涵。

包括学生"智育"的目标。

如：语文课程要引导学生丰富语言积累，培养语感，发展思维，初步掌握学习语文的基本方法，养成良好的学习习惯，具有适应实际生活需要的识字写字能力、阅读能力、写作能力和口语交际能力，正确运用祖国语言文字。

也包括"德育"的目标。

如：语文课程应激发和培育学生热爱祖国语文的思想感情；语文课程还应通过优秀文化的熏陶感染，促进学生和谐发展使他们提高思想道德修养和审美情趣，逐步形成良好的个性和健全的人格。

在《义务教育语文课程标准》(2022年版)中，进一步完善了培养目标，优化了课程设置，细化了实施要求。其中总目标前三项表述如下：

1. 在语文学习过程中，培养爱国主义、集体主义、社会主义思想道德，逐步形成正确的世界观、人生观、价值观。

2. 热爱国家通用语言文字，感受语言文字及作品的独特价值，认识中华文化的丰厚博大，汲取智慧，弘扬社会主义先进文化、革命文化、中华优秀传统文化，建立文化自信。

3. 关心社会文化生活，积极参与和组织校园、社区等文化活动，发展交流、合作、探究等实践能力，增强社会责任意识。感受多样文化，吸收人类优秀文化的精华。

从中，我们不难发现，"立德树人"的理念在语文学科教学中得到了鲜明的体现。

2022年最新修订的《义务教育语文课程标准》，多次强调了语文课程中的"德育任务"。

首先是前言中的三个"坚持"，最终的落脚点在一个"德"字：

一是坚持目标导向。要认真学习领会习近平总书记关于教育的重要论述，准确理解和把握党中央、国务院关于教育改革的各项要求，全面落实习近平新时代中国特色社会主义思想，将社会主义先进文化、革命文化、中华优秀传统文化、国家安全、生命安全与健康等重大主题教育有机融入课程,增强课程思想性。

二是坚持问题导向。要遵循学生身心发展规律,细化育人目标,明确实施要求,增强课程指导性和可操作性。

三是坚持创新导向。要强化课程综合性和实践性,推动育人方式变革,着力发展学生核心素养。凸显学生主体地位,关注学生个性化、多样化的学习和发展需求。

其次是"指导思想"中提出:以习近平新时代中国特色社会主义思想为指导,全面贯彻党的教育方针,遵循教育教学规律,落实立德树人根本任务,发展素质教育。要聚焦中国学生发展核心素养,培养学生适应未来发展的正确价值观、必备品格和关键能力,引导学生明确人生发展方向,成长为德智体美劳全面发展的社会主义建设者和接班人。

再次是"课程性质"中指出:语文课程应引导学生继承和弘扬中华优秀传统文化、革命文化、社会主义先进文化,增强对习近平新时代中国特色社会主义思想的理解和认识,全面提升核心素养。语文课程应致力于全体学生核心素养的形成与发展,为学生学好其他课程打下基础;为学生形成正确的世界观、人生观、价值观,形成良好个性和健全人格打下基础;为培养学生求真创新的精神、实践能力和合作交流能力,促进德智体美劳全面发展及学生的终身发展打下基础。

由此可见,新时期语文教学的任务也应该贯彻落实好党的基本教育方针,充分体现"德育为先,能力为重,全面发展"的基本理念,发挥好语文课程在推广普及国家通用语言文字、增强凝聚力、铸牢中华民族共同体意识、建立文化自信、培育时代新人、实现中华民族伟大复兴等方面具有不可替代的优势,努力培养出具有扎实的语文知识、良好的语文素养和高尚的人格修养的社会主义建设者和接班人。

虽然经过几轮《义务教育语文课程标准》的修订和语文课程改革的推进,大部分语文教师已经能在语文教学中做到"语"与"文"的并重,甚至能在"语文并重"的基础上,不断拓宽语文学习和训练的内容,做到"听""说""读""写""评""思""辨"等多种能力的培养,但是仍有一部分教师对语文课程的德育功能和奠基作用认识不到位，出现了"重智轻德"的现象。

二、语文教学中"重智轻德"的具体表现

（一）部分教师在语文课程教学中，德育渗透的意识不强，课程目标的设计中，没有很好地凸显"情感、态度、价值观"的引导。

（二）部分教师在备课过程中，对教材的挖掘不深，没有找到智育目标和德育目标的契合点。

（三）部分教师在课堂教学中，德育渗透的方法不当，在结合教材、学情的教学方式上不够灵活。

（四）部分教师对学生的学习评价侧重于分数，依然以应试教育思想为主导。于是课堂教学外的语文学习便以"题海战术"为主线，反复训练学生的知识技能掌握情况，忽略语文活动的开展和德育资源的挖掘。

三、语文教学中"重智轻德"的主要原因

（一）教师的学习意识不强

缺乏对具有指导性意义的语文教学专业论著的研读，特别是对《义务教育语文课程标准》的解读不深，不能很好地把握《义务教育语文课程标准》中对"课程性质"的界定，不能深入理解语文课程的"基本理念""课程设计思路""课程目标与内容"。在具体实施过程中不能很好地体现"教学建议""评价建议""课程资源开发与利用建议"等科学理念。

（二）教师的教学理念滞后

有的教师思想比较保守，不善于改革创新、灵活机变，不善于接受新理念、利用新资源;有的教师对学生的评价方式单一，方法老套，重智轻

德、唯分是图。总之,不能很好地关注学生的终身发展和全面发展。

（三）教师的性格能力使然

有的教师性格比较内向,不善于启发引导,缺少与学生的互动交流。师生间默契不足,合作不够,不能很好地落实德育目标。

四、语文教学中"教育失衡"的不良后果

语文教学中只发展智育,轻视德育、淡化德育,甚至剔除德育的"单条腿走路"的方式,会导致"教育失衡",影响师生成长,影响学校发展。

（一）影响了教师的专业成长

一个只会"教书"不会"育人"的教师是不称职的,有违教育的原则和目标。一个只想做"经师"不想做"人师"的教师,不会去研究学生身心成长的规律,不会去研究当前对学生德育工作提出的方针政策,不会去深耕教材、拓展资源,探求德育的立足点,不会在专业成长上孜孜以求、精益求精。所以,这部分教师大多只能成为传授书本知识的教书匠,不可能成为塑造学生品格、品行、品味的"大先生"。

（二）阻碍了学生的全面发展

"师承效应"是人才培养的重要规律。它是指在人才教育培养过程中,受培养者一方的德识才学得到培养者一方的指导、启发或言传身教,从而使前者在继承与创造过程中与同行相比,少走弯路,达到事半功倍、迅速成才的效果。正所谓"名师出高徒",在教育教学中更能体现这一效应。教师的素质直接影响着学生的发展,教师作为培养者,如专业不精、修养不高、眼光不远,会阻碍学生的全面发展甚至终身发展。

（三）降低了学校的教育质量

一所学校的教育教学质量取决于教师的水平和学生的素养，教师没有先进的育人理念，没有科学的教学方法，没有正确的教学行为，就不会培养出生动活泼、全面发展的学生，就不会成就育人一流、教学过硬的学校。

第二节　立德树人，守住语文教学之本

要更好地发挥语文学科的育人功能，更好地发挥语文学习在班级管理中的工具性作用，首先要转变的是语文教师的教学行为，这就需要学校介入。学校要从总体工作出发，有鲜明的办学理念和育人目标，要实现班级德育向学校德育的延伸，实现学生德育向教师德育的拓展。努力实现教育一体化的核心理念，以"培养好老师"为出发点，以"教育好学生"为落脚点，真正实现语文教学和班级德育的有机融合。

一、以德为导，拓宽语文教师的格局

学校可以从教育教学的总体工作出发，对语文教师进行师德师风教育，侧重于四种意识的引领，即"责任意识""学习意识""创新意识""合作意识"。

（一）增强语文教师的责任意识

学校要借助各种主题教育活动，使语文教师"强信念""有追求"，强化责任意识,弘扬担当精神。要引领教师走近语文、走近语文教学,感受祖国语言文字的无穷魅力,领悟语文教学在学校教育、学生成长、文明传承中的重要作用。明确语文教师的担当和使命,要把博大精深的中国文化根植于心,授之于人。

语文教师要加强对语文教学的认识。语文教学的本质和真正价值不仅仅在于教给学生语文知识与技能,更重要的是对学生进行方法的指导,进行情感、态度、价值观的引导。语文教师要明确"文以载道"的道理,能洞悉每一篇作品中融入的情感、情趣、情思和情操,能挖掘出真正的精神财富。

语文教师要理解语文教学的独特性。语文教学是以传播文化、传承文明为目的。只有清醒地认识到这一点,语文教师的精神追求才有方向,教学的诸多思考、诸多做法才有根有魂。

所以,语文教师应从"拉动学生的纤夫"转变为"生命的牧者"。教师的使命首先是灵魂的塑造者,其次才是知识的播种者,再次是文化的传承者。语文教师在学生成长中的地位不可替代,一个好的语文教师就如一粒火种,可以点燃学生求知的渴望,可以照亮学生的未来。学校只有让语文教师认识到自己的神圣使命,才能激发他们的求知动力、从教热情,从而倾情于语文教学,醉心于教学研究,这样才能在学生德育中发挥自身价值和语文学科的价值。

(二)增强语文教师的学习意识

汉代韩婴在《韩诗外传》中写道:"智如泉涌,行可以为表仪者,人师也。"教师德才兼备,人格高尚完美,学生才会产生更强的向师性,教育效果才会更佳。要做到"智如泉涌",靠被动的学习是不够的。增强语文教师主动学习的意识,是对教师进行思想教育的重要内容之一。

增强学习意识,要让语文教师认识到自身的优势。

语文教师本身具有优于其他人的听说读写、理解分析、模仿创新能力,对于知识的理解内化、应用反思、总结提升有较强能力。因此更要博闻强记，主动学习，发挥专业所长，提高个人素养。要力争让自己的长处更长，短处变少。

增强学习意识，要让语文教师认识到时代的需要。

科技迅猛发展，在瞬息万变的时代，知识的更新速度一日千里，信息技术广泛普及。这也给语文教师提出了更高的要求：要有更广博的知识储备，更先进的教学手段，更前沿的育人理念。"要给学生一杯水，自己先要有一桶水"的时代已经过去，现在的语文教师必须有"源源不断的活水"。要做到这一点，必须加强学习。

增强学习意识，要让语文教师认识到学习的益处。

"知识改变命运，学习成就人生"不应该只是教师训导学生的说教之词，也应该是教师的立身之本。学校要以多种方式去倡导学习、奖励学习，要让那些爱学习、会学习的教师有更多的展示机会，让他们可以脱颖而出，成为榜样。

（三）增强语文教师的创新意识

学校要通过系统的培训活动、定期的观摩活动，以丰富的案例和扎实的教研去激发语文教师的创新意识，使其在"新旧对比""优劣对比""是非对比"中，把握语文教学的导向。学校要努力转变语文教师"墨守成规"的老派思想，使其为师有新思想，为学有新方法，育人有新举措。无论新、老教师，都能"守正创新"，都能积极探索，都能不断改进教学，有自己的育人风格。

（四）增强语文教师的合作意识

合作意识是指个体对共同行动及其行为规则的认知与情感，是合作行为产生的基本前提和重要基础。善于合作，不仅能从工作中找到乐趣，而且也能从生活中找到乐趣。

合作意识很难通过讲座或讨论的形式得到培养。它需要借助某种活动，通过人与人的交往，通过共同完成任务，共同经历各种结果，互相分享成果及共同承担责任来培养。

增强语文教师的合作意识,发挥语文教学对班级管理的作用,要注意合作对象的区分,也要侧重于语文教师与班主任之间的合作、与学生及其家长之间的合作。

首先要让语文教师懂得合作的必要性,这是保证教育教学成功的前提;其次要懂得合作的基本原则,要有大局意识,以班级学生的利益为主,求同存异。语文教师和班主任之间的合作,要保证共同的教育目标,做好班级德育和语文德育的分工合作;和学生之间的合作,要尊重学生个性,因材施教,并唤醒学生的配合意识,包容学生的不足,给学生改过、成长、进步的机会;和家长之间的合作,要做到主动沟通,耐心交流,争取家长的信任和支持,和班主任一起营造好班级内和谐的学习氛围和育人环境。

二、以德为线,牵动全体学生的德育

思想教育不仅是面对教师,也要辐射到班级学生。要抓住学生思想教育的根本,把德育贯穿于班级学生管理的始终,在构建和谐师生关系的基础上再去追求教育教学的质量。

(一)尊师重道,赢得师心

班级要抓好学生的思想品德教育,以"尊师"为核心,开展各种活动,引导学生敬老师、爱学习。以求教诚心打动老师;以好学恒心征服老师。班级要大力营造"尊师重道"的风气,要让学生懂得,和谐的师生关系有助于创造最佳的学习氛围。

(二)善于合作,赢出和谐

卡耐基说过,人的成功15%取决于专业知识,而85%取决于人际沟通。师生间的沟通合作同样决定着教育教学的效果。班主任要让学生懂得自身的努力固然重要，配合老师，追求共赢也是不二选择。

班主任要教会学生配合老师的做法，比如：要在课上尊重老师的劳动，认真听讲、积极回答，做好知识的储备和能力的锻炼；要在课下积极完成作业，独立思考、保质保量，做好知识的巩固和实际的运用；要听从老师的教诲，努力从求知、做人、做事方面汲取精神营养。

班主任要经常对学生进行合作方面的言传身教，要成为连接科任教师与学生之间关系的黏合剂。非语文学科的班主任要努力让语文教师成为自己进行学生德育和班级管理的得力助手。

（三）勇担使命，实现价值

教师要注重班级德育内容的丰富性，其中包括对学生的责任感教育。教师可以让学生从梁启超先生的《少年中国说》中获得启示，从少先队员和共青团员在天安门广场诵读的"请党放心，强国有我"的献词中寻找力量。

要引导学生去思考：今日之青少年，使命何在？让学生懂得自己的责任不仅仅是学习，还肩负国家富强、民族复兴之重任。要引导学生去思考：使命在肩，如何扛起？要让班级学生明确青年一代担负着祖国的未来，既要志存高远，又要不负韶华。要学好文化，打好人生基础。学文化，要从学做人、学母语开始，要让中华文明在青少年手里传承延续、发扬光大。

要让学生明白，应以学语文为基础，学做人，学做事，成长为全面发展的青少年，成长为有益于集体、有益于社会、有益于国家的栋梁，成就自己人生的价值。

班级德育工作做好了，就会促进良好班风、学风的形成，就会促进良好师生关系的形成，就会为任课教师提供一个安心、暖心、温馨的从教环境，提升教师的工作热情，激发教师的工作潜能，优化教师的从教行为。

三、以德为果,实现教学行为的优化

教师要以德育为抓手,采用多种方式,努力实现教与学的相互促进,师与生的共同成长。要以德育为收获,从根本上去转化教师的思想情操和育人理念,使其坚持在教学中的主导地位,不断去改变、优化自己的教学行为,更好地完成教学预期目标。

(一)实现教学行为的优化,必须做到知行合一

学校针对教师的德育,让语文教师从思想上获得转变。教师本人也要把对使命的认识、学习的认知、创新的理解、合作的感悟,以恰当的方式,融合在教学实践中。

(二)实现教学行为的优化,必须做到文道合一

教师执教过程中,要特别注重对教材的解读处理,对教法的选择性运用。要明确语文教育意味着一棵树摇动另一棵树,一朵云推动另一朵云。语文教育要激发生命,充实生命,去做培育人、成就人、发展人的事业,要以教带育,以育促教。

(三)实现教学行为的优化,必须做到万法归一

优化自身教学行为的方法很多,最终的目的是一样的,都要利于学生语文知识及技能的储备,利于学生语文核心素养、综合素质的提升,利于学生正确的情感、态度、价值观的形成。就语文教学和班级管理的融合而言,优化语文教师的教学行为,最终目的还是在于做好德育渗透,发挥好语文教学的育人功能。

(四)实现教学行为的优化,必须做到始终如一

"冰冻三尺,非一日之寒",面对语文教学中的诸多问题,教师在转变

教学行为的过程中很难一帆风顺，会遇到各种困难和障碍。这需要教师不忘育人初心，牢记师者使命，能积极地面对问题，探寻方法，做到愈挫愈勇，百折不回。

第三节　内化外显，优化语文教学之法

对语文教师进行思想道德教育、专业技能培训，最终的落脚点还是在教学行为的转变上，要努力在实际教学中体现上文提出的"四个一"：即"知行合一""文道合一""万法归一""始终如一"。要通过思想上的内化、认知上的提高、行为上的优化，促进语文教师的"教"，提升他们教书育人的质量。

一、注重自我提升，争取内外兼修

礼者，所以正身也；师者，所以正礼也。教师既要有整洁的着装、大方的仪态，也要有有趣的灵魂、深厚的底蕴。建议做以下几点尝试：

（一）注重仪表形象

2020年10月，中共中央办公厅、国务院办公厅印发了《关于全面加强和改进新时代学校美育工作的意见》，意见中明确提出以提高学生审美和人文素养为目标，弘扬中华美育精神，以美育人、以美化人、以美培元。要培养学生的美，教师就应该懂得美，教师仪表是教师整体风范之一，教师的行为举止、衣着发式都在无形中影响着学生。作为新时代的教师可以化化淡妆，换换衣装，加点装饰，以求大方得体，散发活力和魅力。

（二）加强口语训练

对于教师来说,口才是重要的教学基本功之一,也是个人魅力的重要体现。如果你没有与生俱来的好口才,那一定要重视名言警句的积累,要经常使用个性化的语言。可以是发人深省的,如"人生没有彩排,每一天都是现场直播";可以是古朴雅致的,如"路径窄时,留一步与人行;滋味浓时,减三分让人尝";也可以是时下流行的语句,比如"只争朝夕,不负韶华""知重负重,勇毅前行"等。这样的词句,常拿出来"秀秀",学生会觉得你满腹经纶,与时俱进,有助于拉近与学生的距离。

（三）提升育人本领

吾生也有涯,而知也无涯。教师更要学而不厌,孜孜以求;要主动学习,终身学习;要有开阔的视野,豁达的襟怀,高远的格局;要有征服学生、吸引学生的资本。集中学习要定时、定量,自主学习要因人而异。

（四）进行言传身教

学高为师,身正为范。要想把德育很好地渗透于语文教学中,至关重要的是加强自己的个人修养,以高尚的人格去打动学生,影响学生。充分发挥言传和身教的积极作用。如要教育学生热爱祖国,教师就应首先争做爱国的典范;要教育学生热爱集体,教师自己就应有高度的集体主义荣誉感;要教育学生热爱学习,教师即使不能手不释卷,也要与书相伴;要教育学生爱劳动、爱生活,教师就不能四体不勤、五谷不分;要教育学生有理想、有文化,教师自己就要志存高远、学而不厌;要教育学生推己及人、仁爱待人,教师也应成为一个宽容善良、谦让有礼的人。总之,教师要坚持正确的政治方向,保有高尚的道德品质、渊博的专业知识、高雅的审美情趣、健康的心理素质、严谨的治学态度和勤奋的进取行为,要在方方面面做学生的标杆和榜样。

二、加强课堂设计，做到以生为本

课堂是学生语文学习的主阵地，但长期以来，部分教师因自我提升不够，教学理念滞后，教学方法陈旧，依然存在着重教师教、轻学生学的低效教学现象。就语文学科而言，主要表现为以课本为主、以教案为主、以教师为主、以统一的标准为主。这些做法，压抑了学生的主动性和创造性，扼杀了学生语文学习的兴趣和热情，影响了学生语文素养的培养和提升。因此，教师在教学中应以生为本，注重亮点设计，让学生在宽松、愉悦、自然的学习氛围中，充分发挥自身的创造性，展现思维的活力，从而减少厌学现象的发生。那么在课堂教学中如何才能做到以生为本、激发兴趣呢？

（一）情境设计动人，激发学生热情

利用多种手段，创设个性情境。我们在实践中总结了以下四个方法，并在教学过程中同步实施，收效颇丰：注重导语设计，激趣导入，以先声夺人；注重结语设计，教师寄语，意味深长，以情理收束；注重多媒体的使用，以海量信息和现代化手段感染学生；注重对教材的科学解读，通过讲故事、生动陈述、案例展示等手段来吸引学生。

（二）教法设计实用，提高课堂效率

教师要以"让学生想学、会学、乐学"为目的，精心设计每一堂课的教法。首先拒绝教师"满堂灌"，反对教师"满堂问"，要让学生主动学习，不能被动接受。其次要摸透学情，吃透教材，要找到文本与生本思维的对接点，要掌握学生学习语文的规律，要帮助学生形成语文知识体系。再次要体现分层教学的理念。课上要有分层提问，课下要有分层作业。要尊重学生的个体差异，因材施教，让每个学生都学有所得。此外还要发挥合作学习的作用，课上也要让学生突破时空的界限，集合集体的智慧,成就个体的发展。积极为学生创造合作学习、思维碰撞、广泛交流的机会。

(三)板书设计新颖,师生共同参与

传统板书设计是由教师独立完成,一般都是课前预设好的。研究表明,要激发学生的学习兴趣就要多角度、全方位地调动学生参与的热情,构建开放而有活力的课堂。我们呼吁学生参与到课堂学习的每一个环节中,包括板书的设计。

对于总结性的板书,可以师生或小组合作进行设计,要紧扣要点,相互补充,博采众长,突出亮点。以此方式,引导学生总结归纳课堂所学,这也是对重难点的再现和巩固。

对于随机性的板书,教师要注重多色笔、简笔画和符号的使用,想方设法吸引学生眼球,抓住他们的兴趣点。

(四)作业设计灵活,促进学生发展

一要体现差异性。既要面向全体,又要因材施教。教师对学生要全面了解,尊重学生的差异,满足不同学生的需要,设计好分层作业,促进不同层次学生的发展。

二要体现实效性。避免重复机械的作业,保证作业的实效性。要把"双减"政策落到实处,真正减轻学生课业负担。

三要体现综合性。布置作业时可以打破学科界限,注意不同学科的融通与连接,促进学生跨学科学习,全面提高学生的素养。

四要体现开放性。可以设计一些答案不唯一的作业,选择有用、有趣的问题去培养学生的发散思维和探索精神,使每个学生都能在解决问题的过程中有所收获。

五要体现实践性。引导学生在生活中学习语文,并把语文学习的成果运用于生活实践,从而加强语文和生活的联系。

六要体现教育性。语文课程具有丰富的人文内涵,对学生精神领域的影响是深刻的，因此，应力求学生在完成作业时，既能增长知识，又能陶冶情操，在作业中培养品德。

正如陶行知先生所说："处处是创造之地，天天是创造之时，人人是创造之人。"为提升学生的语文学习兴趣，我们就要多利用有效手段，多创设个性化教学环境，多改进优化教学方法，多开展寓教于乐的活动，多凸显学生的主体地位。

三、抓住关键环节，做好德育渗透

作为班主任，尤其是语文班主任，一要抓班级德育，二要抓语文德育。因为语文教学可以促进班级德育，班级德育可以提升语文教学的效果。既然加强学生的思想品德教育是语文教学的重要任务之一，那么如何在语文教学过程中对学生进行思想品德教育呢？

《义务教育语文课程标准》(2011年版)在"教学建议"中指出，培养学生正确的思想观念、科学的思维方式、高尚的道德情操、健康的审美情趣和积极的人生态度，是与帮助他们掌握学习方法、提高语文能力的过程融为一体的，不应该当做外在的附加任务。应该根据语文学科的特点，注重熏陶感染，潜移默化，把这些内容渗透于日常的教学过程之中。这就要求语文教师把德育渗透到教学的关键环节中去，在"随风潜入夜，润物细无声"的意境中实现。

(一)备课，德育目标预设好

语文教师要深入解读教材，定好德育目标，能找准切入点和衔接点，思想教育适时、适度，适合学情，这是语文教学中必须首先考虑的问题。对学生的思想教育，要因文而异：有的课文高扬爱国主义的旗帜，有的课文发挥理想、信念的导向作用，有的课文用生动的语言文字来感染人，有的课文用英雄的榜样来激励人。所以，语文教师要做到"胸中有书""目中有人"，重视课堂教学目标的全面性。无论是听说，还是读写，既要重视语文教育,又要注意德育渗透,既要挖掘教材中的德育资源,又要注意语文与生活的连接。在德育目标的确定上,既要把握单元德育目标,又要注意每一篇课文的德育目标。

如人教版七年级上册第二单元,该单元的主题是"亲情",有四篇课文都是围绕亲情或家庭生活而写作的。作者努力用心灵捕捉生命的灵感,表现对亲情的体会与赞美,令读者产生感情的共鸣。所以单元目标应该是"感受丰富多彩的家庭生活,感受亲情"。具体落实到每一课后的德育目标就分解为:要从史铁生的《秋天的怀念》中体会文字里深沉无私的母爱和所蕴含的自强不息、热爱生活的精神;要从莫怀戚的《散步》中感知文中蕴含的家人间深沉的爱与"尊老爱幼"的传统美德;要从泰戈尔的《金色花》和冰心的《荷叶·母亲》中感受细腻的亲子之爱,要听出孩子心中对于母爱的赞歌,悟出作者对于理想母爱的思考。

总之,语文教师对学生的德育要不失时机、有的放矢,要做到胸中有丘壑,眼里有学生,要以德为先、以生为本。

(二)上课,德育契机捕捉好

课堂中的德育渗透表现在课堂环节的方方面面:导语设计引人深思、扣人心弦;当堂训练层层深入、有的放矢;拓展延伸连接生活、丰富体验;课堂小结画龙点睛、发人深省。德育的渗透更应相机而动,灵活运用。要渗透在理解课文的训练中,也要体现在对偶发事件的处理中。要抓住每一个德育的大好契机,激发学生的合作意识、创新精神、反思习惯、表现欲望,提升学生的道德品质和思想认识。有时候,即兴德育比预设的教育更生动、更有效。

笔者曾在一节公开课中,见到这样一则实例:

执教者在讲授《〈论语〉十二章》时,班级的一个学困生居然主动举手,还把选篇中最长的一则比较顺利地翻译出来。虽然有卡顿,但是能做到大意准确、重点突出。这让全班同学都为之欣喜,大家不由自主地鼓起掌来。

教师及时肯定了他的进步，又对全班同学说："小夏同学真是进步惊人，但同学们只给了他掌声，既然我们上的是语文课，那你们能不能用语言对他进行一下鼓励呢?"之后好几位同学给了这个学困生高度评价和热情赞美。赢得了同学们热情的赞美，小夏美滋滋的。

教师又对小夏说："小夏，中国有句古话叫'来而不往非礼也'，那你能不能用语言向鼓励你的同学'还个礼'?"接下来，就是小夏饱含感激、自豪的心情向同学们"回礼"："谢谢老师和同学们，我一定再接再厉!"

最后，该教师紧扣《论语》中讲到的"三人行，必有我师焉"和"见贤思齐焉"，教育学生要谦虚好学、赏人之长、学人之长。

在这样一组互动中，发言学生的语言能力得到培养，学困生感受到文化的魅力和学习的乐趣，全体学生懂得了做人的道理。思想教育和语文学习巧妙结合，相得益彰。

（三）写作，德育功能发挥好

叶圣陶先生说："心有所思，情有所感，而后有所撰作。"可见，作文是心灵的写照，认识的再现，是感情的流露。在作文中育人，在育人中作文，这便是作文的辩证法。

1. 在作文命题中育人

这方面，还需特别注重即时即地、即兴即情的创作。要善于根据学生的生活、学校的活动、重大节日来命题，也可以针对班级学生管理中存在的问题去命题。

如：看完《开学第一课》，就可以让学生写写他们的观看心得；班级要竞选"班任助理"，就让学生写写《人生的第一份职业规划——假如我是班任助理》；学完了《论语》，就让学生写写《学〈论语〉后的想和做》；针对班级学生自律能力差，就布置作文《怎样做个好学生》；想教给学生"君子不二过""错误路上止步就是进步"的道理，就给他们布置作文《君子，人人可为》；想教给学生"认真做事只能把事情做对，用心做事才能把事情做好"的道理,想引导学生多反思自我,就给他们布置作文《今天你用心了吗》;想让学生知荣明耻,就让他们自己撰写班级的或做人的"八荣八耻";想培养亲子感情,就在父亲节、母亲节的时候,让学生写写《其实父爱(母爱)一直在》;想让学生励志有为、活出价值,就写写《做一个有用的人》。

2. 在作文指导中育人

大千世界真伪混杂、良莠难分,需要教师去引导学生明辨是非,区分好坏。而文前指导也可以挖掘好题目中蕴含的德育因素,有的放矢,对学生进行德育渗透。

以笔者上过的一堂写作指导课为例,题目是《让我受益的一堂课》。

课前检查古诗背诵情况。时间5分钟,教师不点名,会背的学生自动站成一排,到讲台前来背诵,过关者把自己的名字写在黑板上。5分钟内未过关者家庭作业加一篇500字以上的"美文摘抄"。课堂气氛一下子热烈起来,学生们都争先恐后,黑板上写满了过关学生的名字。但毕竟只有5分钟,还有十几个学生没有过关。特别强调的是,过关的学生中有6名学生看排队时间太长,就和教师申请直接默写,最后他们都顺利通过检查。5分钟时间到,教师让学生就"课前古诗背诵检查"谈谈自己的所思所想。

有的学生说:解决问题的办法不止一个,要懂变通,有创新;有的学生说:凡事最怕一个"等"字,很多人就是因为"等"所以与成功失之交臂;有的学生说:黑板上记名有的是违纪,有的是优秀,我们要美名远扬;有的学生说:连学习成绩靠后的同学都顺利过关了,我们要看起点、比进步,不是最优秀的,就争取做最努力的……学生们从不同的角度思考,都得到不同的感悟,短短的5分钟大家受益匪浅。之后教师再让学生联想其他课堂的收获,如在社会和家庭生活中收获的对成长有益的"课"。这样不仅能唤醒学生的写作欲望,使之有话说、有情抒、有理论,而且强化了德育的力量。

3.在作文改评中育人

作文批改应坚持"少改多就"的原则，保护学生的创作热情；作文评语应根据作文内容了解学生的所思所想，根据学生的年龄特点和心理特点，给他们写下动之以情、晓之以理的评语。此外，优秀作文的展读、展览也是对学生的鞭策，其中也渗透着表彰先进、激励后进、相互促进的作用。

(四)活动,德育资源利用好

生活即语文，语文即生活。只有善于开发利用各种德育资源，才能使语文与德育相互渗透、相互促进。开展丰富多彩的语文活动，不仅可以提高学生的语文素养，还可以培养学生的良好品德。

1.坚持课前演讲,先"传道"后"授业"

语文课前演讲要谨遵"讲为主""演为辅""育为先"的原则，要通过指导学生演讲内容的选择、演讲技巧的运用、演讲现场的互动等，全面培养和教育学生。特别需要指出的是，学生演讲的内容因学年而异，这样更符合学生的年龄特征和成长需要。如初一学年侧重"养成教育"和"感恩教育"方面的内容；初二学年侧重"律己修身"方面的内容；初三学年侧重"理想信念"方面的内容。

2.撰写班级日记,进行道德长跑

班级日记可以记载班史、凝聚感情、锤炼文笔、弘扬正气。长期坚持，无异于"道德长跑"。为更好地发挥班级日记的教育作用，我们可以制定班级日记评价的"五星标准"，如"选材好，语言精，图文并茂层次清，立意新颖扬正气，条理清晰五颗星"。我们可以根据评价标准，提出更具体的要求，如：立意要好，表现师生正能量；选材要好，突出班级新风貌；详略要好，取舍得当有主次；语言要好，行云流水有文采；书写要好，工整美观不勾抹;设计要好,图文并茂有情调。为尽可能地扩大班级日记的功能性,我们应尽量做到以下几点:首先,全员参与,让日记成为文学竞技台;其次,主题健康,弘扬正能量;再次,及时展评,以先进带后进,以后进促先进,以德育促语文,用语文做德育。

3.举办竞赛活动,促进学生争先

有活动的班级一定是个有活力的班级,班级活动可以让每个学生都动起来。班级活动要力求丰富多彩、形式多样,力争让所有同学都有参与、锻炼、提高的机会。比如可以仿照电视综艺节目开展班级"汉字听写大赛""一战到底";可以结合语文教学举行"语文小讲师评选""创意填词大赛";还可以开展与语文能力相关的"书法比赛""演讲朗诵比赛""辩论赛"等。这些比赛都能促进学生的全面发展和竞争意识,也能培养学生对祖国语言文字的热爱,可以激发学生学语文、用语文的热情。

4.开展实践活动,丰富学生体验

实践出真知。语文实践活动不仅能让学生在做中学,还能让学生在做中悟。除了语文教材中的"综合性学习"活动,我们还可以根据自己的教育教学需要去策划形式多样、学生喜闻乐见、能最大限度提高学生语文素养和提升学生思想认识的语文活动。如穿越时空,编辑"古今名人故事集";寻找楷模,采访"最美'家乡人'";开展实践,体会"发现之旅——俯拾生活中的语文";等等。这些活动能让学生体会到语文的价值,感受到名人的魅力,结识身边的先进模范,激起心中的斗志。

5.收看益德节目,汲取积极能量

当代德育面临很多挑战和亟待解决的问题,其中很重要的一项就是各种媒体和互联网给学生成长带来的负面影响。但是我们可以对学生看电视、上网进行正面引导,使之发挥积极作用。在学生课业压力不大的时候,不妨选定时间,组织学生上网搜索观看对学生思想有启发的又深受学生欢迎的节目。例如《开讲啦》《寻找最美孝心少年》《一站到底》《梦想中国》《赢在中国》等。我们不妨采用这样的模式内化学生德育："看看"—"悟悟"—"写写"—"谈谈"，让学生在德育中学语文，在学语文中提高思想认识。同时，我们也可以把让学生上网看节目作为班级的一种集体奖励方式。如学生本周表现良好，就利用周五后两节的自习课观看这些节目。这样的奖励，能促进学生的自我教育和相互监督：普通学生更严于律己，管理者更尽职尽责，谁也不想因为自己的过失使全班同学失去放松和提高的机会。

活动是作业的延伸，是知识的补充，是学生语文素养提升的方式。活动设计要活而有趣，新而有效：课上活动既要面向全体，又要关注个体；既要保证时效，又要活动充分。课外活动要保证"安全为上，锻炼为主，兴趣为辅"，要选择学生喜闻乐见的内容，综合各学科各领域的内容，注重德智体美劳五育并举。比如组织学生进行"社会调查""街头采访""主题宣传""劳动创收"等。这些活动要注重语文学科的德育渗透和能力培养，要注重发动学生全程参与。如活动的选题、设计、准备、记录、摄像、总结等，都要以教师为主导，学生为主体。

"道非文不著，文非道不生"，对于语文来说，"文"和"道"的辩证统一是客观存在的。语文教学既要对学生进行语言文字的训练，又要在语言文字的训练过程中进行思想品德教育。这是培养一代新人的要求，更是社会形势发展的要求。

作为语文教师，我们要努力了解语文德育的广泛性，把握语文教材中德育内容的分散性，洞悉语文教材中德育内容的潜藏性，运用语文教学内容的形象性，抓住语文德育时间的相机性，参透语文德育途径的多元性。要做到"德育为先""以德促教"，转变育人理念，优化教学行为，通过语文教学去潜移默化地熏陶感染学生，为语文学习赋能，为学生德育助力，全面提高学生的语文素养和道德修养。

第六章 以德促学——用德育解决学生语文学习问题

第一节 追溯"根源"，找准语文学习的问题

随着教育改革的不断深入，语文学科的地位日益凸显。不管是基础教育还是中高考，语文命题的广度、难度也在提升，但在学生的语文学习中还存在着来自教师、家长以及自身的诸多问题。

一、语文教师方面

一是部分语文教师职业倦怠，缺乏从业的责任感、使命感、幸福感。这些教师没有意识到自己任教学科的重要性，没有用心体会职业的乐趣。受学校、学生、家庭、社会等外因的影响，缺乏存在感，缺乏目标与动力，找不到自身的价值。

二是部分语文教师安于现状，不重视自我提升，主动学习和开展教学研究的动力不足，读书量少，知识面窄。尤其是在教学行为上几十年

如一日，没有创新和突破，对新理念、新教法抵触、排斥，对现代教育信息技术不能熟练运用。部分教师的认知，已经满足不了当代学生的学习需求。

三是个别语文教师素养偏低，教学基本功不扎实，专业知识不足。当前，在语文教师队伍中，仍有部分人粉笔字写得不如学生，普通话说得不够标准，写作能力差，几乎不给学生写范文。

二、家庭教育方面

（一）客观因素

偏远乡村地区家长的文化程度偏低，有心无力，不具备辅导孩子的能力。部分在城务工人员的孩子，长期托管在外、监管不力、放任自流，没有良好的成长环境。

（二）主观因素

个别家庭对孩子的教育尤其是对语文教育的重视程度不够，走入了三大误区：

误区一：语文不重要。"学好数理化，走遍全天下"的思想根深蒂固，家长和学生忽视了语文的重要性。

误区二：语文很简单。能听懂话、能写对字，就能轻松学语文。语文学习不过是多记多背，暂时落后无关紧要。日后抓紧，也来得及。

误区三：语文定位低。以初中考卷满分120分为例，学生语文成绩达到90分以上，很多家长就会觉得考得不错。而英语、数学成绩没有达到100分以上，很多家长就觉得考得不好。这样的比较可以看出很多家长对语文的期望分数并不高。

三、学生个体方面

一是正确导向的缺失。学生缺少语文学习方面的正确导向和积极影响,使之不能认清语文学习的重要性,对语文成绩的预期目标偏低,仅满足于考试分数在及格线上,或者只追求考试成绩,不注重能力提升。

二是学习兴趣的缺失。有的学生认为语文学习的内容单一枯燥,有的学生课业压力过大,有的学生接受的教育简单粗暴,种种原因导致他们缺乏语文学习兴趣,严重者甚至厌学。

三是学习习惯的缺失。部分家庭对孩子语文学习习惯的培养没有从娃娃抓起,入学后孩子又分身乏术,致使很多学生缺乏良好的语文学习习惯,特别是书写、读书、积累和写作的习惯。

四是学习方法的缺失。受师长教育的影响,大部分学生都没有做到学、思、用的结合,在语文学习中缺少探究方法,没有总结规律的意识,没有形成清晰的学习思路和实用的学习方法,做不到举一反三、触类旁通。

综上所述,无论是学校教师,还是学生家长,抑或学生本人,对于语文学习仍存在着口头上重视、行为上漠视的现象。这些问题的存在,导致学生语文素养整体不高,影响了学生整体学业水平的进步。

第二节　"三方"共育,唤醒语文学习的意识

针对初中生语文学习的问题,我们可以归结为来自教师、家长和学生自身的三大主要原因。授人以鱼,不如授人以渔;授人以渔,不如授人以欲。内因决定外因,思想决定行动。优质的教育就是不断唤醒的过

程，只有从心灵深处唤醒学生、家长和校方对语文的重视，才能对症下药，从根本上解决问题。所以学校要发动各班、倡导全员，积极开展教育活动，从思想上去转变教师的教书态度、家长的育儿态度、学生的学习态度，使之各司其职，各尽其责，最终促进学生在语文学习中转变态度、确立目标、产生兴趣、养成习惯、掌握方法、提高成绩、提升素养。

一、增强语文教师的职业认同感和幸福感，以求师者乐教

语文教师不仅肩负着传道授业解惑的职责，还肩负着传承和发扬中华文化的重任。职业认同，解决的是教师成长的动力问题。

（一）班级举行"拜师礼"

一方面，给语文教师更多的尊重；另一方面，也让语文教师和学生在传统仪式中感受国学文化的魅力。

拜师礼的仪式感要强，程序要规范。最好在初一新生入学的第一节语文课上开展。好的开始是成功的一半，重要的活动最好由班主任亲自主持。如果班主任就是语文教师，也要精选主持人。比如学校领导、德高望重的老师、在班级有影响力的家长或者往届优秀的毕业生。

整个仪式要求学生全体站立，大体程序应该包括以下环节：

1. 主持人开场白。

2. 介绍语文教师。

3. 学生向教师三鞠躬。

鞠躬主持词：

一鞠躬，恳请老师严加管教、诲我不倦；

二鞠躬，学生自当以师为重，勤奋苦学；

三鞠躬，师生同心学语文，勤学苦读创辉煌！

4.学生向教师敬献戒尺。

5.教师对学生提出要求。

6.学生集体宣誓。

集体誓词：

学有所成，皆因有师。弟子事师，敬同事父。

自今日起，正心诚意，刻苦学习，坚定信念，只争朝夕。

以诚心、精心、细心、耐心为态度；

以勤学、勤问、勤看、勤听为方法；

以成功、成熟、成才、成功为目的。

不负恩师教诲，不负青春韶华，

牢记时代使命，争做有为少年！

7.礼毕。

（二）班级奉送"感恩礼"

要求全体学生在教师节为教师送上特别的"感恩礼"——为老师写一篇文章或者一首诗，表达对老师的祝福和感恩之情。这个活动特别适合拉近师生距离、增进师生感情、强化语文运用能力。

以上两项活动的开展，符合语文教师的精神需求和职业特点，可以让教师在活动中感受到学生的尊敬和爱戴，找到从教的存在感、荣誉感、幸福感。在这种良性心理的驱动下，也会产生专业的自觉和敬业的动力。

此外，语文教师文化底蕴、教学能力等的提升，还需要借助学校的力量去达成，仅仅靠班级小面积的情境设置、情感熏陶是不够的。只有把班级德育管理和学校总体工作结合起来，全面发力，才有最佳效果。

学生在活动中也是有收获的，一方面学生走近了教师、走近了语文，尊师重道的思想在潜滋暗长、开花结果；另一方面，活动也会促进学生对语文学科的重视。

二、提高学生家长的家庭教育前瞻性和科学性，以求长者善育

家长是孩子的第一任老师，也是孩子一辈子的老师。只有家长的素质高了、格局大了、方法对了，孩子才能更健康、更优秀地成长。

（一）开办家教讲堂，传授家庭教育经验

以班级为单位，发挥现代信息技术的优势，可每月组织家长采用线上学习的方式，学习家教方法。可以推送家教文章，可以观看家教视频，可以分享家教经验，以此不断提高家长对家庭教育的重视程度，争取家庭教育的力量，提高家长的教育能力。

1. 家教讲堂要有固定口号

陪伴孩子一起成长，争做有志、有识、有恒的好爸妈！

2. 家教讲堂要有四个明确

明确读书的重要性；明确陪伴的重要性；明确榜样的重要性；明确立志的重要性。

3. 家教讲堂要求四个养成

养成学习习惯；养成文明习惯；养成合作习惯；养成赞美习惯。

（二）注重舆论导向，用好教育方针

及时推送权威文件，通过各种媒介为语文教师发声。例如 2015 年 11 月 18 日，杭州日报发文《得语文者得天下，得阅读者得语文》；又如，《义务教育语文课程标准》中对学生语文核心素养方面提出的各种标准，以及学生所在地区的"语文中考考试说明"等。将这些内容分享给

学生和家长,可以让大多数人都认识到语文学习的意义和方向。

三、唤醒学生学好语文的内驱力和同理心,以求学者会学

假如我们不唤醒学生内在的学习动力,一切模式下的教学都不过是在做简单的知识传授。这样的教育就谈不上是真正的教育,更无教育艺术可言。教育需要唤醒,不仅要唤醒教师的教育理念,而且要唤醒学生的学习动力。卢梭在《爱弥儿》中写道:"生活得最有意义的人,并不就是年岁活得最大的人,而是对生活最有感受的人。"把教育指导思想融入课堂教学改革中,学生才会对生活有感受,才能真正唤醒学生的学习动力,我们的教育才会真正有灵魂。

(一)做好思想动员,适时总结表彰

班级要利用主题班会、考试质量分析会、语文学习阶段总结会、学生家长会等多种途径,采用多种方式去动员学生,引导学生重视语文学习,激发学生学习语文的兴趣。

这样的会议要遵循三个原则:

1. 以学生为主的原则

最好让学生主持,注意学生的互动,多让学生说话,避免教师的"一言堂"。

2. 鼓励先进的原则

要多表彰、多肯定,既要鼓励优秀,肯定进步,也要激励后进。可以邀请校领导、学生家长共同参与,使获奖学生获得学习的满足感、幸福感、成就感。

3.科学分析的原则

要针对学情，做好语文学习的分析。要实事求是，为学生分析得失利弊，为学生制定学习目标，帮学生总结学习经验。

（二）致力生活语文，重在感同身受

苏霍姆林斯基说过："造成教育青少年的困难的最重要的原因，在于教育实践在他们面前以赤裸裸的形式进行。""把教育意图隐蔽起来，是教育艺术十分重要的因素之一。"而引导学生在生活中学语文、用语文，可以达到无痕教育的效果。

1.做好语文生活化的延伸，让学生懂得生活中处处有语文

语文教师要充分利用生活中的教育资源，使语文学习返璞归真，回归生活。努力把学生的视野引向生活，让学生积累生活经验。要让学生感受到电视中的广告，大小商店的招牌，校园中的每一块标语，家庭中每一次交流，社区中每一个公约……一切有字的地方都有语文，一切有字的地方都需要语文。

2.做好语文应用题的设计，让学生学会生活中处处用语文

要创设各种情景，运用各种形式，让学生在实际应用中体会语文的重要性，让学生认识到语文不仅是学习考试的必需，也是生存发展的必需。比如让学生设计各类活动的"邀请函"，让学生设计各种比赛的方案；让学生拟写通知、撰写讲稿、写主持词、写宣传稿以及各种文案；等等。

通过以上方法，以教师带动家长，以家长带动孩子，学校、家庭、学生，三位一体、三级联动、共同发力，更好地唤醒学生对语文学习的重视。

第三节 "四自"教育,保障语文学习的效果

心理学家布鲁纳说:"学习的最好刺激是对所学材料的兴趣。"学生学习的效果不仅在于认识能力的高低,还与他们的动力有密切关系,要吸引学生积极参与、主动探索、寻找问题,要激发学生求知的欲望、兴趣,让学生自己动手动脑,才能使教学在真正意义上变被动为主动,变接受为探究。但是在学生学习语文的过程中,往往没有那么多的兴趣刺激,教师能做的也极其有限。思想上自觉、行为上自律远远比精神上吸引更重要。

一、团结协作,锤炼学生"四自"品性

班主任、语文教师要加强对学生"自觉""自律""自立""自强"的思想教育,增强学生学习语文的自主性,促进学生良好语文学习习惯的养成,促进学生对科学的语文学习方法的掌握。

加强对学生的"四自"教育可以在班级管理中体现,如在班级文化墙的布置上、班级制度的建设上、班级活动的开展上,也可以在语文教学的德育渗透中体现,如以语文教材中的一些劝学励志的名篇为载体,引导学生了解这些品性对个人学习和成长的重要性,可以以此为主题组织作文写作或开展语言类展示活动。

班主任和语文科任教师之间要达成共识,合作开展好"四自"教学,实现班级管理和语文教学在学生德育上的双管齐下。同时,也要做好"家校共育"。很多活动的坚持,还有赖于家长对教师的协助和对孩子

169

的督导。

二、自觉自律，养成学生良好习惯

"积千累万，不如养个好习惯。"语文学习成功的关键在于养成良好的语文学习习惯。针对大多数初中生的现状，我们可以着重从六个方面入手，帮助他们全面养成良好的语文学习习惯。

（一）良好书写习惯

字如其人，练字练心。学生在练字的同时，会养成耐心、专心的好习惯，对日后的学习大有裨益。我们要在习字中促进学生自觉、自律。习字活动的开展必须正规、正式。

1. 要有目标

规范、工整、美观。

2. 要有宣言

写好中国字，做好中国人。

3. 要有落实

纳入班级课程，师生同步学习，定期比赛评比，公开展示作品，纳入综合评分。

（二）自主阅读习惯

北大资深教授钱理群先生说："学好语文有很多要素，但最核心最根本的方式就是阅读。"所以说，语文的学习，阅读是关键。

1. 要让学生有书可读

我们要倡导家长丰富家中藏书量，鼓励学生合理利用零用钱，多买可读之书,做到经典好书不少于 20 本。同时,班级要积极购买图书,实现藏书不少于 100 本。要让学生随时随地有书可读。

2.要让学生有时可读

学校可以开设读书课程,每周至少一节。学生在家时,睡前读书不少于 20 分钟。

3.要让学生有法可读

鼓励亲子共读,师生共读。教师可以制订全班统一的读书计划,做好统一书目的导读。

4.要让学生有兴可读

采用多种方式,线上线下并用。注重读写结合,开展读书交流。要有定期的读书成果汇报,可以是手抄报,可以是思维导图,可以是收获总结,可以是图文"美篇"等。

(三)日常写作习惯

作文是语文学习的重要内容,但为数不少的学生谈写色变,情感上不爱写,技巧上不会写,更不必说拥有好的写作习惯了。在良好写作习惯的培养过程中,教师还需降低标准,从呵护学生的创作热情做起,不以字数和内容限制学生,引导学生积累素材,做生活的有心人,大胆表情达意,做有感知有温度有情怀的人。一是鼓励学生坚持写个人日记;二是发动集体写班级日记;三是定期进行作文交流展示;四是做好作文精品辑录。

(四)坚持积累习惯

巧妇难为无米之炊。教师平时要鼓励学生做好素材积累,并持之以恒,以备写作之需。

1. 做好阅读积累

积累内容从阅读中来，要做好阅读的有心人。要鼓励学生善于从读物中提炼信息、整合加工，取其精华，为己所用。

首先，关注读物中的人事。

如读《东轩笔录》，不可不知范仲淹"断齑划粥"的典故；读《儒林外史》，知道的不应该只是"范进"，还应该有"周进"；读《读者》《意林》等期刊，也要取其精华，比如"求人不如求己""把命运牢牢攥紧在自己手里"的励志小故事。

其次，关注读物中的美句。

如读《李清照传》，不可不知"生当作人杰，死亦为鬼雄"的名句；读《鲁迅传》，应该知道鲁迅不仅有铁骨，还有柔情，要知道"无情未必真豪杰，怜子如何不丈夫"的金句；读《毛泽东语录》，要摘记其中鼓舞人心、豪情满怀的句子，比如"一万年太久，只争朝夕""自信人生二百年，会当水击三千里"。

再次，关注读物中的文思。

如读《水浒传》，不可不知先分后合的结构；读《海底两万里》，不可不知天马行空的想象；读《骆驼祥子》，不可不知鲜明的前后对比。

2. 做好生活储备

积累内容源于生活。要鼓励学生做生活的有心人：要张开耳目，感知生活；要勤于动笔，表现生活；要厚积薄发，让生活的点滴流于笔端。

首先，教师要做榜样引领。

教师可以创作师生同题的内容，激发学生向师、学师、超越老师的动力；可以多向学生展示自己的日记随笔，引发学生想写、仿写、热衷写作的兴趣。如写给孩子的成长日记、自己写的研修日记、特别日子里的纪念性文字等。这些内容为教师亲身经历，供学生阅读更容易激发学生的共鸣和创作的欲望。

其次,学生贵在笔耕不辍。

起点不要太高,步子不要太大,要求不要太多。教师要用多种方式激励学生去坚持。从写几十字的感言、几百字的小随笔开始,让学生体会到写作的乐趣,体会到精心设计的艺术感,体会到聚沙成塔的成就感。要让写作成为一种需要,而不是一种束缚。教师可以引导学生设计日记的扉页、目录、每天的心语、页面的插图,让学生在写的过程中,多角度感受创造的乐趣。

(五)课前预习习惯

中国有句古话:"凡事预则立,不预则废。"这句话强调不管做什么事,事先都要有充分的准备。培养学生的预习习惯和提高学生的预习能力是让学生学会学习的一个重要途径。预习可以提高课堂效率,提高学生自学能力,激发学生学习兴趣,更可以培养学生形成独立自主的人格。教师要为学生设定"预习标准",他们才能对照标准,有的放矢、学有所获。

学生预习要杜绝抄袭教辅用书。教师应该给学生安排统一的、必须进行的预习内容,并鼓励他们有自己的拓展和延伸。要让学生有预习的收获,明确学习内容的重难点,整理成清晰的预习笔记,为听课做好准备。

预习笔记应体现五项内容:一是基础知识(含作家背景、字词整理);二是课文提纲(体现内容和中心思想);三是重点习题;四是好句好段;五是难点疑点。

初中学科多,课业压力相对大,要坚持预习实属不易。所以,还应鼓励学生合理安排时间,提高学习效率。

(六)资源共享习惯

教师可以发动学生,在班级里定期开展形式多样的语文学习分享活动。如,每学期每人分享一个语文学习的小经验或者小困惑,择优整理为"语文杂谈"；每月每人荐读一篇美文，附加推荐理由50字以上，择优整理为"美文辑录"；每周每人分享一次印象深刻的见闻感受，择优编辑为"一周要闻"。

三、自立自强，用好语文学习的方法

教学实践中，我们不难发现，大部分学生在语文学习的过程中，目标不明，学法不清。具体表现为：不知道怎么上课，不知道怎么自学，不知道怎么应试，不知道怎么应用。语文学习上不够自立，过分依赖教师的讲解，只是被动接受，过分依赖题海训练，不能总结答题技巧。还有部分学生不够自强，甚至存在着"及格就好，多一分浪费，少一分白费"的观念。在班级管理和语文教学中，自强自立也是学生德育的重要内容之一。我们要通过言传身教、制度约束、活动开展、榜样学习等各种方式，让学生掌握学法，有独立学习的能力，探究学法，有解决问题的本事。

（一）自学法

德国教育家第斯多惠曾说："如果使学生习惯于简单地接受或被动地工作，任何方法都是坏的；如果能激发学生的主动性，任何方法都是好的。"自学的方法很多，学习内容不同，方法有异。

1.明确自学内容

现代文自学内容：知作家背景、知积累字词、知理清层次、知内容中心、知难点疑点、知读写结合。

古诗文自学内容：知文化常识、知创作背景、知积累词句、知背诵默写、知语法知识、知主旨写法。

2.掌握自学方法

具体分为"读""圈""查""做""抄""写"。

"读",指读文。现代文要读得正确、流利、有感情;文言文要读准句读、读出韵味。

"圈",圈句子。一圈不认识的字词和不理解的句子,二圈自己喜欢的、有共鸣的句子。

"查",查阅资料。一查作者背景,二查文学常识,三查疑难问题。

"做",做好教师下发的课前预习导学案或基础性习题。

"抄",抄写字词和有文采的句段。

"写",写一篇预习笔记。

(二)上课法

课堂教学是语文学习的主阵地。学生的语文素养要提高,首先要学会上课。语文课是一个开放的课堂,是对学生综合能力培养的主要阵地,所以在课上要遵循的方法也较多,我们将这些方法暂且称为"五会上课法"。

1. 会读书

朗读要求:正确、流利、有感情、发音标准、吐字清晰、声音响亮,还要注意保持坐姿和站姿的端正,仪态大方。默读要求:保持安静、神情专注、一气呵成、做好批注,课本平放展开于桌前,左手轻按课本,右手拿笔圈点勾画。

2. 会表达

首先,要大方自然,声音响亮,口齿清楚,表意连贯。其次,要语言亲切,态度诚恳,便于交流。要有自信,对异议敢于发表意见,提问要有价值,紧扣重难疑点。

3. 会倾听

既要听教师讲,也要听同学说。别人发言时,要坐姿端正,专心致志地听，边听边想，思考别人发言的意思，记住别人说话的要点，不打断同学的发言，有不同意见可举手，经同意后再发表自己的观点。

4. 会合作

积极参与组内活动。讨论时要主动思考，认真倾听，大胆发言。讨论时注意文明用语，不随便打断他人的发言，随时做好补充。要有团队精神，服从分配，与同学教师互动，做到扬长避短，既要自主自律，又要乐于助人。

5. 会记录

要手脑并用，把握精髓，做好课堂笔记。可采用圈点勾画等多种方式；可用"红蓝黑"三色笔去标记不同的要点内容，以便一目了然且有区分；可把重难点记在教材相应的或者是醒目的位置。如果是随堂记听课笔记，注意边听边记，双管齐下。不要因为听得专注，忘了记录，也不要因为记得认真，忘了听讲。要把握好"听讲"和"记录"的时机。另外，笔记既要重点突出，也要条理清晰，实用性强。

（三）应试法

考试对学生的重要性不言而喻。考试不仅是检验学生平时学习成果的方式，更是学生升级、升学的途径。要让学生在考试中更好地发挥，取得理想成绩，可以从以下四方面入手，去指导学生充分发扬自立、自强的精神，去探究、总结应试的方法。

1. 要鼓励学生探究命题方向

教师要"且教且研"，学生也要"研学并重"。教师要经常做好这方面的教育和引导。要让学生通过查资料、网上检索等多种方式，把握当地的语文中考动态；通过研磨中考题，总结中考题型，做到考查内容了然于心，学习目的明确清晰。

2.要鼓励学生总结答题技巧

要让自立、自强的精神,成为学生应对中考的利剑,要将其用于语文考试中,并使其在应用中得到不断强化,成为有力的精神力量。总结应试技巧,可以让学生独立完成,也可以小组合作完成。教师要做的是组建小组,分配任务。如把全班分为记叙文答题技巧研究小组、说明文答题技巧研究小组、议论文答题技巧研究小组、作文写作技巧研究小组等。这样小组间也会形成竞争和对比,以相互促进。

我们要对学生放心、放手,只需做好点拨、引导,因为学生对通过自身实践形成的答题技巧印象更深,用起来更得心应手。而且在实践探究中,学生查阅资料、小组合作、总结规律、师生沟通、检验论证等多种能力也都会有所长进。

我们要相信"弟子不必不如师,师不必贤于弟子",每个学生都有潜在的能力,只待我们去发掘。笔者在教学中也做过这样的尝试,让学生分组分类研究考点及对策,结果令人欣喜,学生总结应考规律的能力不亚于教师。

有的学生整理了记叙文的语言赏析题答法:

"三角度""三步骤"。主要从"修辞、炼字、写法"的角度去品析,从"用了……写出……表现了……"三步去鉴赏。

有的学生总结了议论文开头作用的答法:

要看用了……方式,引出的是论点还是论题,是作为事实论据还是道理论据去证明论点。

有的学生分析了考场作文的应对技巧:

要做好"文前八思",即思题目、思文体、思立意、思选材、思结构、思语言、思亮点、思误区。

要做好"立意四要"。要正确、要鲜明、要新颖、要深刻。

要做到"语言四会"。要会锤炼字词,会妙用修辞,会细腻描写,会使用骈句。

3.要鼓励学生做好自我分析

在平时考试中，要多引导学生了解自己在语文学习上的优劣得失，做到自知(了解自己)、自评(分析自己)、自勉(明确目标)、自悟(明确方法)。这样不断分析、不断改进，最终就会取得最优的成果。

4.要鼓励学生调节应考心态

首先，要拥有平常之心。做到把平常当考试，把考试当平常。考前要做到"三放松"：思想放松、学习放松和身体放松。

其次，要保持愉悦之情。发卷前，脑子里回忆过去在考试或其他活动中成功的事例，憧憬美好的未来；接到试卷后，浏览全卷，粗略了解有多少道题和题目的难易程度；做题时应该由易到难，因为每做对一道题对自己是一次巨大的鼓舞，遇到难题，不妨用"精神胜利法"稳定情绪、鼓舞自己；试题答完要静心检查。

最后，试后不要对答案，不要谈论考试相关问题，避免影响到下一科的考试。

(四)应用法

我们要教育学生：社会是最高的学府，生活是最好的课堂，应用是最好的学习方法。学习的终极目的和最高境界就是"学以致用"。要让学生有意识学语文，有兴趣学语文，有习惯学语文，一定要教会学生在生活中学语文、用语文。事实胜于雄辩，当学生在应用中感受到语文学习的必要性、重要性，学习的热情便会被点燃。我们要用思想教育，用事实说话，促进学生学习方式的改变。

一是要引导学生在实践中"悟用法"。

于永正老师曾说过："语文能力不是讲出来的，学习兴趣不是讲出来的，情感态度更不是讲出来的。讲，真的作用有限。"所以要合理设置语文课程教学方案，多在实践中应用，使教师简简单单教语文，学生轻轻松松学语文。

鼓励学生完成"语文应用十个一":

每天写一句心语,激励自己。日积月累,择优编辑"每日金句"。

每周做一次沟通,凝聚人心。解决人际交往难题,试交三五益友一知己。

每月写一篇总结,分析得失。普通学生谈学习,班级干部谈工作。要学会理性求知,理性做人,理性做事。

每年做一次规划,明确方向。无志者常立志,有志者立长志。要让学生在拟写个人规划的过程中,养成规划的习惯,感受语文的作用。要让学生有目标有反思,得失了然于心,进退成竹在胸。

此外,还要发动全体同学每学年做一次课前演讲、一次会议主持(班会、家长会、动员会等)、一次活动设计(语文活动、文体活动、德育活动等)、一次随机采访(内容自选)、一次文艺评论(影评、书评)、一次热点调查(校内校外皆可)。

二是要提倡学生在同学中"传用法"。

要以班级活动为载体,让学生展开语文学习方面的交流。鼓励更多的学生走上讲台,分享经验,以先进带后进。我们可以让学生介绍一下自己在朗诵、演讲方面的技巧;可以让学生谈谈他们是如何设计班会简案的;可以让学生谈谈自己是如何有效复习的。

笔者在教学中,特别注重学生间的"传、帮、带",因为他们之间的交流更贴近实际,更简便易行。这样既解放了教师,又锻炼了学生,效果有时候比教师的说教更好。

有的学生总结了演讲的方法,告诉大家一定要内容健康、服饰得体、台风自然、声音洪亮、感情饱满、态势语调标准协调、讲为主演为辅等。大家照着做了,一点点努力,一点点修正,越来越多敢于演讲、善于研究的学生便涌现出来了。

有的学生向大家分享了班会的设计方案和方法,告诉大家如何凸显主题、如何设置环节、如何选择形式、如何撰写文稿。于是班会参与者也更多了。学生思想上受教，能力上得到提升。语文教学和班级管理一次次融合，相辅相成，相得益彰。

当前，语文"课改"大潮方兴未艾，解决学生语文学习问题、优化学生语文学习方法始终在路上。"以德促学"是从根本上唤醒学生学习方式的变革，是符合班级管理、语文教育规律的思考和行动，是更好地把"班级管理"和"语文教学"相融合的育人模式落到实处的途径。

第七章 语文教学和班级德育 相结合的经典案例

活动案例一:

　学习楷模,争做先锋——不负青春嘉年华

　　根据班级管理的需要,可抓住关键节点组织开展主题征文活动。此做法有益于学生思想的引导,有利于学生语文写作能力的提高,既实现了语文学习助力班级管理,又实现了学生德育渗透到语文教学之中,一举两得,两全其美。班级开展的主题征文活动要做实、做细、做好每个环节,要做到方案可行、落实有力、总结到位,要真正发挥活动育人、活动促学的作用。

　　现以笔者在班级开展过的主题征文活动为例。

学习楷模，争做先锋——不负青春嘉年华
班级征文活动方案

榜样的力量是无穷的。榜样是旗帜，代表着方向；榜样是资源，凝聚着力量。为了引导学生寻找榜样，深学细照笃行，争做时代先锋，特举行班级主题征文活动，方案如下：

一、征文主题与内容

征文主题："学习楷模，争做先锋——不负青春嘉年华"

主要内容：通过对心中偶像的介绍，凸显楷模的精神风范，表达自己的仰慕之情和思齐之心。

二、参赛对象

全班学生

三、比赛评委

班级语文教师、班主任、家长委员会成员代表

四、比赛时间

2021 年 11 月

五、比赛要求

1. 全体学生要高度重视征文活动，要精心准备参赛活动，做好榜样人物的资料搜集，为征文做好素材储备。

2. 征文应围绕"学习楷模，争做先锋——不负青春嘉年华"这一主题，与人教版七年级上册语文教材第三单元写作训练同步，以"我的偶像"为题目，抒发真情实感，篇幅以 1000 字以内为宜。

3. 征文应紧密联系实际，内容新颖，文思独特，保证原创。

4. 征文提交要求：要提交纸质版和电子版两种形式。

纸质版要求：A4 纸打印，一式四份。标题：不超过 10 个字，必要时可以设置副标题，三号黑体居中，可以分成 1 行或 2 行，段后空一行。作者姓名：四号仿宋体居中，段后空 0.5 行。正文：小四号宋体。行距 20 磅，字符间距为"标准"。

电子版要求:发送至指定邮箱:shen××××@163.com,要求文件以"作者+题目"的形式命名。

六、截稿时间

2021年11月30日

七、评选方法

采用盲评的方式,由评委打分。

最终评出一等奖3名,二等奖5名,三等奖7名。

八、奖励办法

1.为获奖学生颁发荣誉证书;

2.获奖作品在班级群、公众号等处展出;

3.家长可以酌情进行物质奖励;

4.一等奖作品推荐到校刊或参与更高级别的比赛。

【获奖作文】

作文一:

我的偶像

文/陈芑同

一根手杖,一支烟斗,一身礼服。平凡的装束下隐藏的却是不平凡的人生。他,聪明且勇敢,认真又博学,是个值得别人敬仰的人。他就是我的偶像——夏洛克·福尔摩斯。

虽然福尔摩斯只是一个虚拟人物,但他在我心中俨然是一个熠熠发光的偶像。

福尔摩斯之所以能成为风靡全球的侦探,是因为他有着超强的推理能力和细微至极的观察能力。福尔摩斯说过:窥一斑而视全豹,逻辑学家不用出门就能从一滴水推测出大西洋或尼亚加拉大瀑布的存在,能从人的表情、脸部的每次肌肉抽动推测出那人心里在想什么。事实上,福尔摩斯就是这样一个逻辑大家。他能从华生裤脚上的一个微小的泥点推测出华生去过哪里，这让身为医生的华生对福尔摩斯心生敬意。任何一个普通人司空见惯、甚至不屑一顾的小细节，在福尔摩斯看来，都是能解开谜团的至关重要的线索。如此缜密、细心的人，怎能不叫人钦佩？

单单凭这两点，福尔摩斯就能成为大侦探吗？不，还有他对每一个案件的认真负责，对每一个细节的细致处理。甚至为了观察地板上的血迹，他会伏在地上，将脸紧贴于地板，只为了能获得一个细小的线索。这样认真对待工作的人，怎能不叫人折服？

推理能力、观察能力、对工作的认真态度只能解决一部分问题，那么对于专业问题，福尔摩斯会望而生怯吗？不会。事实上，福尔摩斯在化学、解剖学、医学上都有着不亚于教授的专业水平，甚至在音乐和体育方面，他也有着很高的造诣。如此博学多才的福尔摩斯，怎能不令人感到钦佩？

福尔摩斯身上最迷人的一点不是他惊人的推理能力，不是他近乎疯狂的工作态度，更不是他令人钦佩的博学多才，而是他所代表的正义与光明。邪终不能压正，就像"正义或许会迟到，但绝不会缺席"说得那样。福尔摩斯披着正义的光辉，揭开了一个个谜团，破解了一个个案件，战胜了一个个邪恶之人。

福尔摩斯身上的正义感打动了我，他身上的光芒照耀着我。我将永远追求他所代表的正义，照亮全世界！

作文二：

我的偶像

文/任玉莹

人类文明历史悠久，名垂青史之人不计其数。有人胸襟宽阔、忧国忧民，有人勤学笃志、悬梁刺股。有人睁着明亮的眼睛看世间，有人探着灵敏的耳朵听万物。

但我的偶像,在不满两岁时饱受病魔折磨,命运残酷无情地夺走了她的视力和听力。但她并未向命运屈服,她那传奇的故事和不屈的精神,深深地吸引了我。她就是美国著名女作家和残障教育家——海伦·凯勒。

海伦看不见似火的落日和纷纷扬扬的秋叶,她在黑暗中摸索着长大。但有一天,一束光刺破了黑暗,撕碎了夜幕。那束光就是安妮·莎莉文老师。莎莉文老师小时候眼睛也差点失明了,她了解失去光明的痛苦。在她的辛勤指导下,海伦跨过了许多坎坷,学会了读书和说话,也承受了许多压力,遇到了许多困难:缺乏某些课上所必需的重要的学习工具、老师也无法给她做特别辅导、看不见黑板上的几何图形……总之,海伦在学习中处处受阻,使她常常心灰意冷。即便这样,她也在众人惊讶的眼光中,将想上哈佛大学的愿望公之于众。不顾朋友们的反对,海伦决心要与正常的孩子们一争高低。顽强的意志支撑着她不断向前。最终,海伦以优异的成绩毕业于哈佛大学,完成了她的愿望。

1936 年,和她朝夕相处 50 年的老师离开人间,海伦非常伤心,她决定将老师给她的珍贵的爱散播给世上所有不幸的人。她跑遍美国大大小小的城市,为残障人士到处奔走,直到去世,都全心全意致力于服务残障人士。

虽无法亲眼看见世间的美好,但她心中的烛火在徐徐燃烧的同时,也为残障人士的世界点燃了缤纷的烟火,带给他们光明和希望。

有人曾不胜怜惜地对她说:"你所接触的世界太小了！真可怜。"但他们不知道,海伦坚忍的意志以及那颗仁爱的心,早已化作一匹无尽的锦布,把整个世界都包裹在其中了。我的意志便跟着她的意志,为她感动也被她鼓舞,我要像追随太阳一样,追随她那坚忍的意志和那颗仁爱的心！

作文三：

我的偶像

文/林子云

山外青山楼外楼，

自然探秘永无休。

成功易使人陶醉，

莫把百尺当尽头。

这是袁隆平爷爷的一首诗，朴实无华，却是金石之言，展现了他永不满足、不断进取的意志和决心。

最初认识袁爷爷是在历史书中，只知道他是"杂交水稻之父"，只知道他是了不起的科学家，只看见插图上他农民一样朴实的容貌。没有太深的了解，没有由衷的敬意。

直到 2021 年的 5 月 24 日，在袁爷爷逝世两天后的班会上，老师沉痛宣告：让全中国人吃饱饭的"共和国勋章"获得者袁隆平院士与世长辞……民以食为天，袁隆平可谓中国人的"衣食父母"，他是中国的"脊梁"，这样的人才是同学们应该崇拜的偶像！

我循着老师的引导走近袁隆平爷爷。

袁隆平爷爷生前曾对媒体谈过自己有两个梦，一个是禾下乘凉梦：水稻高产，让人们永远都不用再饿肚子；一个是杂交水稻覆盖全球梦：造福人类，还能提升我国的国际地位。

袁隆平爷爷带领他的科研团队，以毕生精力接连攻破水稻超高产育种难题：超级稻亩产 700 公斤、800 公斤、900 公斤、1000 公斤和 1100 公斤的五期目标相继完成！他们一次次刷新世界纪录，回答了"谁来养活中国"的疑问。

袁隆平爷爷获得了无数奖项和荣誉，却将奖金全部投入到杂交水稻事业中，而自己则过着简朴节俭的生活。他对祖国和人民有着深厚的感情和责任感,在 2019 年被授予"共和国勋章"后,他说:"我不能躺在功劳簿上,要尽量发挥新的贡献。年纪大没有关系,我还没有痴呆,今后要向亩产 1300 公斤冲刺。我最大的愿望就是,饭碗要牢牢地掌握在我们中国人自己手上。"

袁爷爷不仅是一位杰出的科学家,也是一位高风亮节、朴素无华、真如少年的"大写的人"。他荣誉等身,却从不张扬自己的成就,而是始终躬耕田野,矢志不渝,他是当之无愧的稻田里的追梦人!

以楷模之光,点亮生命色彩。我们要志存高远,敢于担当、开拓创新、甘于奉献,要肩负起时代赋予我们的使命,永葆初心,做"种子精神"的传承人,做新时代的追梦人。

【活动后记】

这是我接管 2021 届新生后在班级组织的第一次征文活动,一方面为了引导学生向上向美,争做优秀中学生;另一方面也是为了参与语文报社组织的全国中小学生"同步作文"活动。刚上初一的学生积极活泼,对活动高度重视,提交了很多优秀作品。投稿到语文报社后,竟然有两名同学获得金奖,五名同学获得银奖,三名同学获得铜奖。我给家长发了"喜报",给学生颁发了证书,还在校刊和公众号上刊载了获奖作品,极大地鼓舞了学生。

开局一炮走红,给学生带来了信心,接下班级的各项活动大家都积极参加,获奖人数与日俱增。

通过此次征文的开展,让我更加感受到:任何活动,目的必须明确,德育指向性必须鲜明,方案设计必须严密,组织落实必须到位,要想方设法发挥活动的多重作用。

既然作文是语文的重要内容,为何不能将征文做成每月一期的系列活动呢?这样将班级的德育计划和语文的教学计划有机结合,在学期班级总目标的指引下,每月结合学生特点、语文课程、德育需要,分别安排一次征文比赛,然后一个学期可以择优出一期班内刊物——《优秀征文集锦》。要把细节做到位，把奖励做到位，把宣传做到位，要让学生即使参加班级的一个小活动也能收获荣誉感和成就感。

这个活动给了我很多启发，也为我今后把语文教育和学生的思想教育结合得更好提供了新的路径。

活动案例二：
前事不忘，后事之师——莘莘学子当自强

演讲赛是学校德育活动的主要形式，但能参与的学生只局限于班级少数人。为了让更多的学生在演讲中成长起来，除了开展好语文课前演讲外，班级也应该每年度举行一次大规模的主题演讲活动。好的演讲活动对演讲者本人来说是一次提升能力的机会，因为演讲者在准备演讲的过程中，需要查阅资料、撰写文稿、学习演讲技巧、进行演讲练习等，这些都是对搜集整理能力、写作表达能力、口语展示能力的提升。在演讲过程中，又要注意环境的适应、心理的调适、现场的灵活应变等。好的演讲活动对作为演讲听众的学生来说也是一种灵魂的洗礼，因为演讲稿件的基本要求就是内容积极健康，能教育人、启迪人、弘扬正能量。好的演讲活动对班级来说，能丰富班级文化生活，是班级德育和语文学习活动不可或缺的组成。

如果您是非语文学科的班主任，那就要和语文任课教师密切配合，发挥好自身在学科学习和活动组织上的专业优势，积极为学生壮胆子、搭台子、引路子、撑场子，把方案做好，把活动办好，把班风学风带好，努力实现班级德育和语文教学的有机融合。

现以我班级开展的主题演讲活动为例。

前事不忘，后事之师——莘莘学子当自强
——班级演讲活动方案

爱国主义教育是学生思想政治教育的重要内容，是班级管理和语文教学的内容之一。为了引导学生了解历史和时事，明确青少年的责任与担当，拥有报国之心，树立报国之志，努力做到自立自强，把个人成长和国家进步紧密相连，现以"纪念一二·九运动"××周年为契机，举行班级演讲活动，方案如下：

一、演讲主题

"前事不忘，后事之师——莘莘学子当自强"

二、参赛对象

全班学生

三、比赛评委

班级语文教师、班主任、家长委员会成员代表

四、比赛时间

20××年12月

五、比赛要求

1.稿件要求：争取原创。能结合历史和现实，做到主题鲜明，内容健康，条理清晰，有理有据，能起到一定的启迪性、教育性、鼓舞性作用。

2.形象要求：个人着装整洁，合乎学生身份。仪表大方，气质庄重，符合爱国演讲要求。

3.演讲要求：注意台风，从容自若，有礼有节。做到全程脱稿，用好演讲技巧，以讲为主，以演为辅，力求声情并茂。注意语气、语调、语速的把控，用好态势语。现场互动要做到收放自如。

4.时长要求：不超过4分钟。

六、比赛准备

1.精心布置会场，渲染爱国氛围。用国旗、党旗、团旗、队旗做活动背景，演讲桌上放置花束。

2.做好演讲所需的 PPT，入场、退场背景音乐选用《我的中国心》《我相信》，首尾呼应，突出爱国、自强等内容。

3.做好领导或家长等特邀嘉宾的邀请函、座位牌。

4.做好评分表，准备好奖励所需的荣誉证书。

5.选拔活动主持人，指导学生撰写活动主持稿。

6.做好集体动员，要求每个学生都要精心准备演讲。

七、比赛办法

1.初赛：20XX 年 11 月 24—28 日，拟用一周口才课、阅读课、自习课的时间进行，初赛评委为班主任和语文科任教师，选出决赛选手 10 名。

2.决赛：20XX 年 12 月 10 日，在学校"纪念'一二·九'运动"活动之后，汲取学校活动的经验，开展好班级活动。决赛评委要增加家长代表、学校领导。

八、奖项设置

一等奖 1 名，二等奖 2 名，三等奖 3 名，优秀奖 4 名。

九、奖励办法

1.为获奖学生颁发荣誉证书；

2.决赛视频在班级群或公众号等处展出；

3.家长可以酌情进行物质奖励；

4.推荐一等奖获得者作为"种子选手"参与更高级别的比赛。

【活动后记】

这次活动虽然是班内行为，规模不大，但是场面壮观。主要体现在比赛现场的布置上。我提前和学校申请了用大会议室作为学生演讲的场地，此想法得到了学校的大力支持，校领导也在百忙之中亲临现场，给学生加油、鼓气。

在赛场布置上，努力营造红色氛围，渲染爱国之情，发动全体学生参与到活动的准备中。精通电脑的学生负责做课件；善于主持的学生安排流程，撰写主持稿；其余的学生打扫卫生，摆放桌椅，悬挂旗帜。整个赛场背景由四面旗帜组成：国旗、党旗、团旗、队旗。寓意是共青团员、少先队员在党和国家的带领下健康成长，青年学生要红心向党，一心向学，为国争光。在学校电教教师的无私帮助下，调试了音响、投影、灯光设备，保证了活动所需。

历时一周，班级首届演讲赛胜利闭幕。全班44名学生都有了一次演讲的体验。难能可贵的是，很多学生是第一次登台，这宝贵的"第一次"成了他们青春日记里浓墨重彩的一笔。批阅学生的赛后日记，能真切地感受到他们赛前的努力、赛时的紧张以及赛后的满足。

这次演讲活动的成功举行可以说占据了天时、地利、人和。首先，得益于学校和家长的大力支持；其次，利用了初一学年课业压力轻的优势；最后，是场地和设备都比较先进，唤起学生参与的热情和对活动的重视。当然活动设计用心、活动组织细心也是至关重要的。

美中不足有三：

一是赛前指导功课做得不足，导致部分学生演讲经验不足，出现怯场、忘词、进行表演式的演讲等情况。

二是对学生稿件审核不细。有的学生演讲内容脱离实际，有的学生侧重抒情，还有个别学生的演讲稿并非原创，甚至出现几名学生演讲内容局部雷同的现象。

三是比赛的排序还不够科学。以学生抽签排序，导致强手和弱手相邻，造成了弱势学生更弱，强势学生更强。如果按照学生能力去分组进行，效果会更好。

活动的目的是促进学生集体共进，各有所得：让弱的变强，强的更强。如果用打击一个，成就另一个的方式，就失去了育人的初衷。这个活动，让我再次领悟到"甘为人梯"不只需要奉献精神，也要有育人智慧。教师有所为，才能让学生有所进。让学生越攀越高，视野越来越广，教师就是最好的梯子。

活动案例三：

师生家长，其乐融融——每逢佳节大团圆

好的活动可以让班级充满活力，更可以增进师生、亲子、家校之间的凝聚力，形成很好的教育合力，营造和谐的育人氛围，能给班集体的每个成员带来幸福感。活动组织和实施的过程可以促进班级成员之间的交流，提高语文学习和运用的效率。班主任要善于开发利用活动资源，要有教育的慧心，善于捕捉开展活动的契机，设计出优秀的活动方案，做到寓教于乐，以情育人。

抓住特殊的日子，开展好师生间或家校间的大型联谊活动，将成为全体成员一生的精神财富。

先说师生联谊活动。以2011届（10）班元旦家宴为例。

活动方案设计如下：

2011届（10）班元旦家宴活动策划案

一、活动目的

1. 引导学生学做菜，增加实践机会，增强动手能力，增进亲子感情。

2. 引导学生品评菜，促进同学交流，拉近师生距离，获得成功感受。

3. 培养学生组织能力、策划能力，提高学生的欣赏水平和文学水平。

二、活动准备

1. 向学校递交书面活动申请，争取校方同意。

2. 做好活动方案，召开家长委员会会议，征求家长意见，完善方案。

3.给学生分组,安排负责人,协调组内事务,特别是"菜谱的制订"。

4.定好活动时间和地点。

5.每个学生学做一道家常菜。提前在家做好,然后带到指定地点,家长负责保证此菜为学生原创。

6.备好活动所需的厨具(用于加热的电炒锅、微波炉等)、音响设备,活动所需的饮品、主食、奖品,清洁餐具所需的餐巾纸、洗洁精以及用餐后进行环境清理的抹布、空气清新剂等。

7.主持人撰写串联词。

8.各小组学生排练节目。

9.做好班级前后黑板的板报设计,营造节日氛围。

三、活动时间

2011 年 12 月 31 日下午 3 点(学校放假)

四、活动地点

班级教室

五、活动流程

1.主持人致开场白;

2.齐唱歌曲《相亲相爱》;

3.班主任宣布:家宴开始;

4.各组长致新春祝福;

5.现场写对联,配横批;

6.即兴作诗;

7.自由献艺;

8.评出班级"四大名厨",颁奖。

【活动作品】

1.对联

四十八名学生敬老师 情深似海

五十六个民族爱祖国 精忠报国

2. 诗歌

合家欢

辞旧迎新设家宴，

满汉全席味道鲜。

吟诗作赋同台演，

情比手足尽开颜。

【活动后记】

活动如期进行，也取得了预想中的效果。学生学做菜——增加实践机会，增强动手能力，增进亲子感情。师生品评菜——促进同学交流，拉近师生距离，获得成功感受。整个活动还在一定程度上培养了学生的组织能力、策划能力，提高了学生的欣赏水平和文学水平。在作对联和诗歌的过程中，学生遣词造句的能力又得到增强。整个活动精彩纷呈，可谓：有歌声，有笑声，有赞叹声，声声入耳；有巧事，有幸事，有开心事，事事铭心。

2011届（10）班的"元旦家宴"活动抓住德育时机，利用德育资源，形式新颖，策划周密，效果喜人，体现了"德育为先"的理念，起到了"随风潜入夜，润物细无声"的教育效果。

再谈家校联谊活动。以2011届（10）班师生亲子中秋联欢活动为例。

2011届（10）班师生亲子中秋联欢活动策划案

一、活动目的

1. 储存记忆，为全体10班人创造机会，让他们过一个人生中与众不同的中秋节。

2. 促进交流，增进感情。促进师生、生生、亲子及家长间的交流。以"齐家"的理念"治班"，营造和谐友爱的气氛，增强集体凝聚力。

3.以活动促班级管理,以活动促语文学习,为今后班级各项工作的开展打好基础。

二、活动时间

农历八月十四晚7点—9点

三、活动地点

有舞台、背投等现代设备的环境高雅、交通便利、能容纳班级全体教师、学生及家长的礼堂。

四、活动准备

1.召开家长委员会成员会议,征求家长意见,讨论并通过决议草案。

2.发动家长参与,分配任务,各司其职。家长负责做好以下工作:

(1)预定可供全班师生、家长活动的礼堂。

(2)买月饼、瓜子、糖、水果(西瓜、葡萄、李子)。月饼切扇形块摆盘(24小块),准备水果拼盘,月饼和水果每桌各一盘。

(3)请专业录像、摄影师。安排好现场全程录像及后期制作、翻录工作。保证每个家庭一张活动光盘。

3.班主任及家长代表的发言稿。

4.宴会所需文艺节目落实到位,保证在10—15个之间,设计好节目单。

5.设计好现场游戏、各种互动活动。

6.排好座位表(四个家庭一桌),制作好桌牌,安排好桌长。服务学生可戴胸牌。

7.安排好活动主持人4人、礼仪学生2人。写好活动串联词,准备好礼仪学生的绶带。

8.准备红地毯、签到台、签到表、游戏奖品若干、横幅卷轴一个及笔墨砚台。

9.准备各环节所需背景音乐,安排多媒体设备操控者2人。

会前音乐:《我们是一家人》《相亲相爱》《情同手足》《母亲》《父亲》《懂你》,轻音乐《雨的印记》等。

散场音乐：《难忘今宵》。

10. 安排专人管理账目、物品。

家长负责账目管理，学生负责物品管理。

11. 做好班级活动PPT，包含两项内容：

(1)《我们是学校的"第一个"》

第一个搞社会调查的班级；

第一个劳动创收的班级；

第一个男生统一短发，女生统一马尾辫的班级；

第一个坚持写班级日记的班级；

第一个坚持每天写200字随笔的班级；

第一个举行元旦家宴的班级；

第一个举行端午节集体踏青野餐活动的班级；

第一个班级装备音响、无线麦克风的班级；

第一个实施自主式管理的班级；

第一个值日班长享受津贴的班级；

第一个每逢节日活动有福利的班级；

第一个有独立班歌、班徽、班级宣言的班级；

第一个把写诗写词，封面设计融入作文课的班级……

(背景音乐《怒放的生命》，PPT文字："勇为人先，创造我们的第一，我们的奇迹")

(2)《流年的诉说》，初一初二两年的照片展示。

(背景音乐《青春日记》，PPT文字："驻足回望，记住我们的青春，我们一起走过的日子")

12. 家长委员会成员、4名服务学生、2名安全保卫学生提前半小时到，负责接待、引领、安全保障。

五、活动程序

1. 主持人致开场白(配背景音乐);

2. 致中秋贺词(配上场音乐);

3. 文艺表演(安排好催场负责人);

4. 班主任总结,现场书写横幅"家和万事兴",每个家庭派代表签字;(工整竖签,提前用铅笔标示签名处)

5. 主持人致结束语;

6. 活动结束,自由拍照。

(播放《难忘今宵》,学生家长退场,部分学生整理物品)

六、活动预算

各项合计:2592元。

2011届(10)班中秋师生亲子联欢会节目单

1. 手语舞蹈《感恩的心》表演者:全体女生及个别女家长

2. 笛子独奏《美丽的神话》表演者:宁忠赫

3. 《姐姐》表演者:邹兆波

4. 拉丁舞 表演者:赵妍妍　张晶

5. 《外婆的澎湖湾》表演者:赵文瑞及其母亲

6. 《滴答滴》表演者:邓诗同及其父亲

7. 《青春舞曲》表演者:陈泊典 付俊

8. 《雨花石》表演者:王嗣兴

9. 《走在乡间的小路上》表演者:王书琪一家

10. 《兄弟抱一下》表演者:全体男生

11. 表演唱《明月几时有》表演者:宁忠赫一家

12. 魔术表演 表演者:化学老师

13. 《萍聚》表演者:纪亚男妈妈

14. 《相思风雨中》表演者:数学、英语老师

15.《琴声书韵》表演者:沈老师 包仁泽

16.《明天会更好》表演者:全体成员

2011届(10)班中秋师生亲子联欢会串联词

【主持人开场白】

甲:尊敬的各位家长,各位老师

乙:亲爱的同学们

(合):大家晚上好!

甲:秋风送爽,丹桂飘香,沐浴着如银的月色,我们送走了夏日炎炎。

乙:花好月圆,华灯初上,脚踏着时代的鼓点,我们迎来了中秋佳节。

丙:明月是今夜多情的咏叹,10班欢聚在此,共享团圆的喜悦。

丁:快乐是今夜跳跃的音符,我们载歌载舞,憧憬美好的明天。

(合):我宣布2011届(10)班欢庆中秋文艺表演正式开始!

【介绍任课教师】

甲:下面由我们向各位家长介绍一下今天出席我们活动的任课教师。

乙:幽默诙谐的数学老师高英杰、端庄美丽的英语老师关凤霞;

丙:教艺精湛的物理老师宋丙海、爱岗敬业的化学老师李顺苗;

丁:还有博古通今的历史老师赵永、立场鲜明的政治老师牛翠英、英姿飒爽的体育老师徐玲。

【班主任致中秋贺词】

甲:最后要向大家隆重介绍的是两年多寒来暑往,早出晚归,始终如一,为我们呕心沥血的班主任沈老师。今天,让我代表全体同学向沈老师道一声:老师,您辛苦了!下面,有请沈老师致中秋贺词。

【文艺表演】

1.《感恩的心》全体女生及家长

乙:感谢父母,给予我们生命;感谢老师,教会我们求知;感谢同学,带给我们温暖。接下来,请欣赏手语舞蹈《感恩的心》,演唱:苏正、刘璐;伴舞:全体女生及家长。

2.《美丽的神话》宁忠赫

丙:古往今来,历史的长河中孕育着许多神话,而每个神话的背后都藏着一个感人的故事。下面,请欣赏笛子独奏《美丽的神话》,表演者:宁忠赫。

3.《姐姐》邹兆波

丁:一曲感人肺腑的《姐姐》,一段感天动地的亲情。是这首歌,让我们知道什么叫血浓于水。有请男声独唱《姐姐》,演唱者:邹兆波。

4.拉丁舞表演　赵妍妍 张晶

甲:有一种舞蹈柔美而奔放,热情似火。下面请欣赏由赵妍妍、张晶带来的拉丁舞表演。

5.《外婆的澎湖湾》赵文瑞及其母亲

乙:晚风轻拂澎湖湾,白浪逐沙滩,没有椰林缀斜阳,只是一片海蓝蓝。不知道这首歌谣有没有唤起同学们对童年的怀想? 好,刻不容缓,接下来,让我们一起欣赏赵文瑞和他的母亲带来的歌曲《外婆的澎湖湾》。

6.《滴答滴》邓诗同及其父亲

甲:滴答滴,滴答滴,是无忧无虑;滴答滴,滴答滴,是放纵的节拍,让我们一起忘掉心中的烦恼,投入到明快的歌曲中吧。请欣赏邓诗同和她的爸爸为我们带来的歌曲《滴答滴》。

7.《青春舞曲》陈泊典 付俊

乙:有人说:青春的实质是充实;青春的诗意是浪漫;青春的证明是无悔。接下来是《青春舞曲》,演唱者:陈泊典、付俊。

8.《雨花石》王嗣兴

丙:其实每一个小石头都有着它们的梦想。它们不说话,却埋藏着对生活的千言万语;它们不高大,却拥有着强劲的力量。做一颗小石头吧! 让我们用平凡来演绎出伟大的奇迹! 下面,请欣赏《雨花石》,演唱者：王嗣兴。

9.《走在乡间的小路上》王书琪一家

甲：青山隐隐，绿水幽幽，家总在心底最深处；夜深人静，和衣独眠，梦总是萦绕着乡间小路。下面，在王书琪一家人美妙的声音中，我们将会走上"乡间的小路"。

【亲子互动】

【家长代表讲话】

10.《兄弟抱一下》全体男生

乙：人生有起落，生活有悲喜，苦了累了，"兄弟抱一下"，有请全体男生。

11.表演唱《明月几时有》宁忠赫一家

丙：从古至今，多少诗人望月抒怀，借月咏怀。我们在花前月下与亲朋相聚，在异地他乡思念故人。有请宁忠赫一家为大家带来表演唱《明月几时有》。

12.魔术表演 化学老师

丁：想颠覆你的感知吗？想见证奇迹的发生吗？那么让我们一起走进魔幻的世界。有请李老师为我们带来魔术表演。

13.《萍聚》纪亚男妈妈

甲：不论失落还是伤感，不管欣喜还是感动，人生就是有许多令人心灵触动的时刻，听这首歌的感觉就是如此。下面请欣赏纪亚男妈妈带来的《萍聚》。

14.《相思风雨中》数学老师 英语老师

乙：海角飘零听风雨，天涯流浪看潮生，请欣赏二位恩师为我们演唱的歌曲《相思风雨中》。

15.《琴声书韵》沈老师 包仁泽

丙：善琴者通达从容，弦底松风诉古今；善书者至情至性，沉醉东风月下读。下面让我们以热烈的掌声有请沈老师和包仁泽为大家进行才艺展示。

16. 合唱《明天会更好》

丁:昨天,只隐约可见,是远去的微笑;今天,如不息的泉水,在脚下奔跑。眺望远方,明天的晨曦刚刚在天边隐现。我们将所有的真情寄托于明天的拥抱,最后,让我们合唱一曲《明天会更好》。

【结束语】

甲:歌甜舞美,我们感受着节日的快乐。

乙:月朗星稀,我们憧憬着美好的明天。

丙:让我们伸出彼此的双手,做相亲相爱的一家人。

丁:让我们铭记美好的瞬间,期待再一次幸福相约。感谢各位家长、各位同学对活动的大力支持。我宣布,2011届(10)班中秋师生亲子联谊活动到此结束!

2011届(10)班"中秋节师生亲子联欢会"班主任致辞

尊敬的各位家长、各位同事,亲爱的同学们:

大家晚上好! 相携着岁月累累的硕果,满载着流年盈盈的喜悦,一年一度的中秋节再一次和我们相约。我代表我的家人向大家致以节日的问候! 祝大家中秋快乐,阖家团圆!

今天,我很感动看到了"10班大同"的场面,我们班级的每个家庭都出席了晚宴。我们的科任老师也从百忙之中亲临我们的活动现场。请允许我向大家的到来和对本次活动的支持表示深深的谢意和崇高的敬意!

我也想借今夜这个良辰美景,对大家说几句肺腑之言:

一想对家长朋友们说。感谢大家对我的信任,把孩子们交到我的手里,我会努力不让诸位失望,一定善待您的孩子,教好您的孩子。感谢您对我工作的支持、理解和包容。我们还有将近一年的时间可以合作,希望大家能一如既往地配合我,把我们的家校共育实施好,把我们的孩子培养好!

二想对我科任伙伴们说。亲爱的战友们，你们辛苦了！你们为孩子们的成长殚精竭虑，早出晚归地付出。你们尊重每个孩子的个体差异，因材施教，倾其所能传道、授业、解惑。自习课上辅导的身影，作业本上密密麻麻的批注，课上课下谆谆教导的声音……因为你们，才有了优秀的10班，感谢你们的无私奉献！也希望各位教师能在初三这关键的一年像从前一样对我们10班不抛弃、不放弃！

最后想对10班的同学们说：

初三是人生中第一个关键的转折点。不管你愿不愿意，接不接受，辛苦的初三都是必经的考验。面对中考的挑战，希望大家永不退缩，迎难而上；在中考的战场上，希望你们大展拳脚，所向披靡。在今后的日子里，你们一定要确定目标，一定要攻坚克难，一定要赢在中考，笑到最后！

好了，想说的还很多，留待来日慢慢聊。衷心地祝福大家事业有成，学业有成。中秋快乐！

【活动后记】

这个活动让学生、家长耳目一新。动员全体，面向全员，调动了所有教育力量，特别是家长的力量，大家参与热情非常高。预计两个小时的活动，超时半小时结束。有的环节让人轻松愉悦；有的环节让人捧腹大笑；有的环节让人深受启发；有的环节催人泪下。学生和家长们在活动中展示了自我，张扬了自我。他们在活动中交流，感情在活动中升温。到最后不得不依依惜别，期待还有机会再聚首。这次活动达到了预期效果，甚至超越了预期效果。

这次活动时机得当、目的明确、策划周密、组织有序、效果达成，对学生及其家长的影响也是深远的。是真正的"随风潜入夜，润物细无声"，不着教育痕迹，却起到了很好的教育效果。

活动案例四：
社会实践,丰富体验——学以致用做全能

度过严寒的人才知道太阳的温暖;走出沙漠的人才知道泉水的甘甜。李白杜甫的诗那么好,只坐在屋里是写不出来的。花400元看《白毛女》未必能使孩子理解当时的苦难,但帮助一个贫穷的家庭却能让孩子的心灵震颤不已。"生活即教育,社会即学校",著名教育家陶行知先生的教育思想到现在依然绽放光芒。以活动为载体,让学生在活动中体验,会达到曲径通幽、润物无声的目的。组织学生走出校园,走向社会,可以丰富学生体验,促进学生成长。

2008年起,笔者开始尝试带领学生参与社会实践活动。现在积累了几千张照片,一百多份活动策划案和总结,二百多份活动反馈单和一百多份活动反思。做活动一定要积累好过程性的材料,以备日后回顾比较、改进方法、总结经验。

社会实践活动中要坚持以下原则:

"教师五要":活动目的要明确;活动准备要充分;活动组织要有序;活动材料要积累;活动方法要改进。

"学生五保":保安全,不要有人员伤亡;保形象,不要有负面影响;保和谐,不要与家长意见相左出矛盾;保受教,不要浅尝辄止走过场;保效益,不要空手而归扫兴致。

社会实践活动的形式很多,其中组织学生到社会上体验生活,进行劳动创收的活动开展好了一举多得。一方面,可借此对学生进行劳动技术教育,培养正确的劳动观念,养成自立、自强、艰苦奋斗等良好思想作

风；加强理论与实际的联系，掌握一定的生产知识和劳动技能，另一方面，学生以个人所得劳动报酬弥补和解决班级学习与生活费用，充实了"班级资产"，增加了学生福利。

班级社会实践主打活动是劳动创收。学生以宣传和打工为主，三年来，利用节假日累计收入过万，为班级赚取了活动基金。班级有专职的生活委员，负责保管班费和处理财务收支，每月公示一次班费收支情况。班费主要用于班级活动开销（如我们班级在中秋节开展了师生亲子联欢活动，支出 2592 元，用的就是学生劳动创收的收入）、班级竞赛和各种评比的奖励、各种节日的小礼物（端午节给学生买荷包五彩手链，立冬给学生买手套等）、班级文化建设、各种补助（如假期临时抽调部分学生到校劳动，就给学生买简单的午餐）、班级硬件条件的改善（我们班级配备了充电音响和无线麦克风等电子设备，这样天气好的时候可以到室外上课或者开展各种活动）。

组织学生走出校园，到社会上进行劳动创收，可以让他们赚钱、放松、增长知识，但最终的目的是以活动为载体，促进学生思想教育，促进学生语文学习，优化班级管理，优化语文教学。比如在班级创收实践中，我们到后期采取"组长推荐制"和"组员聘用制"。有人脉、有能力的同学被推荐为组长，组长再从同学当中选组员。这也可以让学生认识到：如果你暂时没有实力，要让人看到你的潜力；如果你没有潜力，要让人看到你的努力。好逸恶劳者必被拒之门外，德才兼备者方能备受拥戴。

在班级组织的劳动创收活动中，学生丰富了体验，增长了见闻。道德教育、劳动教育都有提升的同时，也一次次促进了语文学科的学习和运用，促进了智育水平的提升。因为学生在活动中必须要去与人交际沟通、要设计组内活动方案、要进行活动总结反思，这些活动无形之中要用到语文，最终实现在有意中学语文的目的。

现以班级开展过的到社会上去创收活动为例。

体验生活，实践创收——学以致用做全能
——班级劳动教育活动方案

一、指导思想

全面贯彻党和国家的教育方针，坚持"以人为本""育人为先"的教育思想，坚持教育与生产劳动相结合，坚持班级管理与语文课程相结合，把劳动教育作为推进班级德育和语文学习的一项重要举措。

二、活动目的

1. 充分发挥劳动教育的育人功能，培养学生热爱劳动的习惯和艰苦奋斗的精神，提高学生的创新精神和实践能力，促进学生全面发展和健康成长。

2. 通过劳动获得相应酬劳，让学生感悟"劳动创造生活"的意义，理解"团结出智慧，奋斗出成果"的道理。

3. 促进学生语文能力的提升，增强学生学语文、用语文的兴趣。

三、活动主题

"体验生活，实践创收"

四、活动分组

按班级人数平均分配，全班分为八组，每组六人。第一次分组要注意组长的选择，组员的性别、性格、素质要均衡，保证各组实力相当。在后续活动中可以"创意分组"，采用"组长推荐制"和"组员招聘制"，让学生在实践中感受职场人生，了解社会用人标准，明确努力方向。

五、活动形式

各组组内集思广益，自由选择。可供参考的项目有：卖矿泉水、卖花、卖面包，去饭店做保洁、发传单、去蔬菜大棚等地做农活或者给商家扮玩偶做宣传等。

六、预计目标

采用"3+3"模式，集体活动时间不少于 3 个小时，提倡在家中参与家务劳动每周累计时长 3 小时以上。

七、活动频率

每学期保证至少 2 次。

八、活动要求

1. 全体同学要保障安全，守时守纪，服从分配和指挥。参加活动时要穿校服或得体的服装，仪态端庄大方；与人交流要落落大方，在公共场合讲究公德，言谈举止要文明，相互监督提醒，注意公众形象；活动中要勇挑重任，发扬吃苦耐劳的精神和团结协作的作风。

2. 组长要组织好组员，在活动中起好带头作用；要做好本组"体验生活，劳动创收"活动的策划，和组员一起商定活动的预期目标、创收内容、活动时间及地点，做好突发事件的预案；要在活动前做好充分的准备工作，特别是与商家之间的洽谈；做好老师、家长、同学、雇主等多方关系间的协调沟通；安排好组员的分工，提高工作效率；带好相机，给每位同学抓拍照片；写好活动记录和反馈表；写好活动总结或日记。

3. 组员要求：服从分配，有大局意识；彼此包容，有谦让精神；献智献力，有奉献情怀；写好活动日记，养成积累习惯。

九、活动奖励

1. 完成任务的小组，记功 1 次，奖励勋章 1 枚。

2. 超额完成任务的小组，记功 1 次，奖励勋章 1 枚，以班级的名义给家长发"喜报"1 张。

3. 在活动中表现优秀的同学，颁发"劳动之星"奖、"特殊贡献"奖，综合素质评价酌情加分。

宝清二中 2011 届（10）班社会实践活动反馈单

亲爱的客户：

您好！感谢您对我们班级活动的大力支持，同时对我们班级在开展活动中给您带来的打扰和不便深表歉意！为了我们日后能扬长补短，把劳动创收和劳动教育长期坚持、科学开展，还请您配合我们完成下面的调查：

一、学生的仪表是否得体,是否身着二中校服,发型是否合乎中学生形象?

A.是　　　　　　B.否

二、学生言谈是否文明,是否有组织性、纪律性?

A.是　　　　　　B.否

三、学生在活动中是否任劳任怨,是否听从您的调度?

A.是　　　　　　B.否

四、您觉得活动中表现最优秀的同学是?

姓名：

五、您对我们的活动还有什么宝贵的建议?

以上内容,希望您如实填写,为我们提供真实准确地反馈。您的客观评价,就是我们成长的宝贵财富。再次对您的合作表达真诚的谢意!如果日后有事需要 10 班,欢迎您拨打电话 188××××××××。

祝您身体健康、心情愉快、家庭美满、事业顺意!

宝清二中 2011 届(10)班

2011 届(10)班社会实践活动十注意

一、注意仪表形象要端庄

二、注意出言吐语要文明

三、注意团结协作要共赢

四、注意选择商机要可行

五、注意协调沟通要细致

六、注意活动安全要保障

七、注意采集照片要全面

八、注意雇主反馈要客观

九、注意活动成效要可观

十、注意积累经验要丰富

【活动后记】

此次活动学生参与热情高，活动效果好。都能保证劳动时长，撰写劳动心得，积极参与活动后的交流反馈。

各组学生精诚团结，人尽其力，物尽其用。学生们表现出高度的责任心和集体主义荣誉感。学生为证明自己的能力，为履行最初的承诺，为充实班级收入，有的小组居然打了四份工。这项活动最终的目的是以活动育人，让学生体验生活，学会生活。在活动中，学生们明白了吃苦耐劳、集思广益、团结协作的意义；明白了德育为先、能力为重、全面发展的重要性；也明白了父母为生活打拼的艰辛，拥有了勤俭节约的意识。

任何一项活动都是利弊相生的，我们尽量做到了扬长补短，特别是活动前向学生提出的"五保"，适时适用。从活动创意看，能体现科学的育人理念；从活动准备看，计划非常周密；从活动实施看，落实特别到位；从活动效果看，学生收获颇丰。这样的活动，关注学生的全面发展，利于学生的成长，值得推广。

活动案例五：

师生情深，互吐心声——且借妙笔诉衷情

书面表达是有温度、有深度，恒久绵长、意味深长的。除了口语交流，书面沟通也是师生间增进感情的必要手段。

师生之间的文字交流形式可以多样，产生的作用也是多元的：如留

在学生作业本上的激励性评语,学生每次写作业都可以看到,会催发动能;如给学生社交平台的留言,学生登录时可以看到,会有所感触;再如给学生发的短信和电子邮件,学生收发信息和邮件时也会偶尔看到,会入眼入心。或许你写下的只是只言片语,但对学生的影响可能是一生一世。

【教师作品——写实篇】

学生们第一次到社会上体验生活,劳动创收的时候,我给他们写了一首诗《致吾生》。

致吾生

深秋商海试牛刀,

东奔西走显文韬。

辛苦经营生财道,

独步江湖也风骚。

学生第一次参加县级的主题团队会观摩时,我也给他们写了一首诗《圆梦唯勤》。

圆梦唯勤

赤子魂牵雄起梦,

与时俱进勇争先。

前贤历览劳功有,

天下群观安逸难。

富国强民当苦干,

登高望远忌空谈。

兢兢吾辈勤为径,

创业扬帆莫等闲。

这些诗写在条幅上,挂在班级中,可以引导学生温习我们一起奋斗的经历,也可以鼓舞学生把握青春,努力向前。

在与学生共处的日子里,我发现每次的文字创作,都会让学生经受一次灵魂的洗礼,行为有所长进。所以我很信赖文字的力量,我会在不同的时期给学生写不同的文章，每篇文章都会收到很好的教育效果。前几年的作文公开课上，我写的文章《保持一种奋斗的姿态》，让学生充满了斗志，保证了考前稳中有进的学习状态。

【教师作品——励志篇】

保持一种奋斗的姿态

同学们，"俞敏洪"，咱们10班再熟悉不过了！

有人说，俞敏洪50年的人生经历就是一部励志大片。大家也一定很崇拜这个当年从江苏农村走出来的穷小子。他插过秧，开过拖拉机；他高考两次落榜，终于在第三年一鸣惊人；他求学北大、任教北大，又决然离开北大；他从手拎糨糊桶到处贴小广告的个体户干起，经历了所有创业者必须经历的"先寄人篱下，再自立门户"的过程，从"留学教父"成为中国富豪榜的风云人物。

是什么神奇的力量促使他一步步走向成功，不断达到新的人生巅峰？是奋斗！

奋斗可以让我们由小草变成大树，助我们从低谷走向高峰，帮我们由平庸变得优秀。所以，让我们保持一种奋斗的姿态。

奋斗的青春最美。同学们，今天你奋斗了吗？如果你的回答是肯定的，那么我要把赞美和掌声献给你，今天的你最漂亮！大家还记得我们一起看过的视频短片——《断臂钢琴王子刘伟》吗？一个14岁的少年，他用优美的琴声告诉我们"青春因奋斗而精彩"。大家再看看我们的身边：小郝同学，学然后知不足，知不足然后能自反，从一个成绩靠后的学生，一点点考进学年大榜；包仁泽，见贤思齐，见不贤而内自省，从一个中等生，成长为尖子生；还有始终大榜第一的王嗣兴、全面发展的赵文瑞、力争上游的徐文财、斗志昂扬的邹兆波、不甘人后的李岩岩、默默无闻的张鑫宇、永不放弃的王艳华，他们哪个不是靠奋斗才换来一点一滴的进步？同学们，相信奋斗的力量，保持一种奋斗的姿态，努力拼搏。最美的青春,是用奋斗写出来的。

奋斗的人生无悔。奥斯特洛夫斯基在作品中告诉我们,人的一生应该这样度过:当你回忆往事时,不因虚度年华而悔恨,也不因碌碌无为而羞愧。那如何才能让人生无悔无愧呢? 毋庸置疑,唯有奋斗!

有的同学终日抱怨学习的苦累,但假如现在让你放下书本,放弃学习、放弃自我、放弃大好前程,你愿意吗? 放弃这些,你就可以告别繁重的课业,就可以摆脱考试的压力,就可以逃离老师的掌控,就可以不受学校的约束,就可以每日网游,沉迷网聊,不必早起,不用晚睡,你愿意吗?

你为什么不愿意呢? 你一定是怕自己将来会为今天的不思进取、半途而废后悔,对不对? 所以,人生在世,一半为生存,一半为证明:自当尽其所能,追求卓越;永远不要后退,因为退到最后就会无路可退。同学们,要相信奋斗的力量,它不一定会助你成功,但一定会保你无憾!

想一千次,不如去做一次。同学们一定要心无旁骛,专注学业。

同学们,期末在即,你准备好了吗?

2014 年的 1 月,你会拿着一份怎样的成绩单去迎接新年的到来?

中考不远,你准备好了吗?

2014 年的 6 月,你能否自信从容地走进考场?

激情燃烧的 7 月,你会不会如愿以偿拿到高中的录取通知书?

云淡风轻的 8 月,你会不会轻松地享受初中最后一个开心长假?

硕果累累的 9 月,你会不会怀揣着美丽的大学梦开始高中的征程?

希望同学们时刻准备着,保持一种奋斗的姿态!

希望你们战胜自己,赢在二中!

希望你们青春无悔,此生无憾!

我们不要吝惜对学生的赞美,教师一定要学会表达、善于表达,要用文字抒发对学生的爱与期待,经常在情感上与学生交流互动。我曾给学生写了一篇文章,却意外地收到了全班四十多名学生的回馈。这让我觉得当我爱学生的时候,学生也一样在爱我。

【教师作品——温情篇】

我的学生，我的爱
——谨以此文献给宝清二中 2008 届(3)班全体学生

灿烂的微笑与破烂的衣袖，结实的身躯和瘦小的外套，修长的双腿与缩水的裤子。鲜明的对比，是同学们与这身校服亲密接触三年的写照。大大小小的洞洞，疏疏密密的针脚，还有各式各样的补丁，是同学们与校服朝夕相伴，三年如一日，寒暑易节不易衣的见证。低头沉吟，仰天长叹：犹如白驹过隙，一千多个日子，就这样转瞬即逝了！还有 65 天，3 班的每一个成员将会穿着这身校服迎接日出，送走日落；迎接挑战，战胜困难；迎来中考，告别初中，迈向更广阔的天地！

同学们，每每看着你们着装整齐的样子，我的心里都会装满感动，眼中饱含赞赏，欢喜之情溢于言表。你们校服的袖口磨破了，裤脚磨秃了，上衣瘦了，裤子短了，全身上下到处都是缝补的痕迹。本不光鲜的外套已经破旧不堪了，但同学们，你们在老师的眼中却是最美的。因为你们朴实大方，你们牢牢记住了自己作为学生的身份。我很喜欢你们向我展示自己破旧校服时的得意神情，因为我知道你们从心里接纳了校服，再也不必担心你们在服饰上攀比，去追求表面的浮华，你们以穿校服为美。这是正气！老师爱你们有正气、务正业、求正果。

我的学生们，我的爱。你们的眼睛好清澈，不染俗世的污浊；你们的心灵好纯洁，没有肮脏的恶念。你们给了我那么多的拥戴与慰藉：在我怀孕的日子，你们送我回家，总是挽着我走过横道；临产前，你们陪我运动，在徐徐晚风中漫步，一路欢声笑语。你们给我那么多的满足和自信：你们的语文成绩那么棒，你们的演讲口才那么好，你们的思维那么敏捷，你们的写作能力那么强，你们实践本领那么棒……太多太多，难以细数。

如果说，十年修得同船渡，百年修得共枕眠，前生五百次回眸换今生擦肩而过。那么,今生我与同学们该是有多么深的渊源呢?我们相识、相交、相知、相爱。我们整整共处了三年。人的一生又有多少个三年?感谢上苍,让我遇到可爱的你们。蓦然回首,原来我们一起经历了那么多,共同拥有那么多。我们一起创造了那么多美丽的记忆。

还记得初一开学报到时,我们召开的初中第一节班会课《自觉自立自强》吗?从那天起,你们与老师结下不解之缘。还记得2008年"庆十一"的班级大合唱吗?《精忠报国》《众人划桨开大船》,那是我们师生第一次同台献艺。

还记得我们班级承担的一节节县级公开课吗?你们活跃的气氛,流畅地表达引来了多少听课教师钦羡的目光。还记得那次全校观摩的主题班会《我与祖国同成长》吗?你们吹拉弹唱,朗诵演讲,各显其能,让那么多人见证了3班学生的风采。

还记得班级的辩论会、演讲赛、班级日记吗?我多少次被你们感动,多少次以你们为荣啊!你们不是学年学习成绩最优异的,不是学年纪律秩序最井然的,但你们却是我最深爱的最得意的最赞赏的学生!你们聪明,你们活跃,你们能干;你们不是学习的机器,你们不是一潭死水!

还记得我们班级的每一次社会实践吗?你们发过传单,卖过面包、矿泉水、包子;你们给人家招揽过顾客,烈日炎炎下举着广告牌做过宣传;你们给人家送过货,刷过碗,跑过堂,做迎宾。你们真的了不起!你们在实践中体验生活,体验劳作的辛苦、创业的艰辛;你们在创收中感悟父母的深恩,老师的良苦用心;你们在历练中提升了能力,增长了见识,完善了自我。

还记得咱们班级给你们买的手套吗?女生是藕粉色的,男生是湖蓝色的。冰冷的冬天,你们觉得温暖吗?看到别班的同学羡慕的目光,你们幸福吗?还记得端午节的五彩线吗?

还记得你们周五下午后两节自习课看的电影吗?还记得我们中午听的轻音乐和我们一起唱的歌吗?

还记得我们跑操时雄壮的士气,整齐的步伐,飒爽的英姿,还有嘹亮的口号吗？还记得百天誓师那天，我们流下的泪水，拼力一战的决心和铿锵有力的宣言吗？还记得那么多早出晚归、披星戴月的日子吗？还记得我们成绩浮浮沉沉的欢喜悲忧吗？还记得我们苦读三年，只为六月试锋，决胜中考，崭露头角的初心吗？

　　我的学生，我的爱。我喜欢你们聚在一起，写写算算，钻研难题；我喜欢你们为避免瞌睡，站起来学习的劲头；我喜欢你们把作业写得工工整整；我喜欢你们听课笔记记得密密麻麻；我喜欢你们课上争先恐后地回答；我喜欢一推开门就看到你们潜心学习的专注；我喜欢你们在上学放学的路上还探讨着某某问题的答案；我喜欢你们互帮互助、团结友爱、情同手足；我喜欢你们劳动时，额头鼻尖渗出的汗珠和手指掌心磨出的血泡；我喜欢你们主动打扫班级卫生，扶正倾斜的条幅；我喜欢你们言谈有度、举止有仪、尊师敬长；我喜欢你们没大没小地叫我"小清姐姐""清格格"……我喜欢你们，喜欢你们的阳光洒脱，脸上总是洋溢着朝气；喜欢你们不甘人后，眼中写满斗志；喜欢你们的善良率真，心中总是装满温情。

　　我的学生，我的爱。立志当怀虎胆，求知莫畏羊肠。让我们拼搏每一天，充实每一天，快乐每一天！我们可以成功，我们可以失败，但我们不可以放弃。生命朴实如草，自当不怕沉浮！既然选择了远方，那么就让我们风雨兼程！我不是最优秀的老师，但为了我挚爱的你们，我会做最勤奋的老师。相信你们也一定会做我最努力的学生，你们一定会一步二步三步，步步高升；一天两天三天，天天向上！

　　有味青春苦后甜，无情岁月增中减。细数初中剩余的时日，我们只有 65 天。这不过是一年 365 天的一个零头，相对三年而言，更是短暂。65 天，让我们相爱相亲，相容相惜；65 天，让我们奋力拼搏，比肩同行；65 天，让我们勇攀书山，智渡学海，齐心协力，创造奇迹！

【学生作品】

我的老师 我的爱

文/ 高靖婵

风华是一指流沙,苍老是一段年华! 春意浓浓,时光匆匆,看不尽的繁花,如三千流水;读不完的感慨,似一季落叶。老师,与你相处三年的日子,酸甜苦辣、历历在目。

2008 年 9 月 1 日　星期一　　晴

阳光明媚,万里无云。我欢天喜地地迈进班级,此时阳光见证了你我的第一次相遇。我本想给你一个大大的笑脸,可谁知对上的竟是你不怒自威的表情。我在想:这是为什么呢? 下午你就把我叫到了办公室,噢,原来是发型不合格。(此时我头上的小辫,以前一直在梳,不觉得不合格呀!“绿色”的头绳,纯属是因为颜色新鲜)我的天啊! 从小到大,一直以好孩子自居的我,竟然一开学就因为发型不合格被叫到了办公室。我的小心灵呀,碎了一地……我与老师的第一次交锋——我败了。

2009 年 5 月 29 日　星期五　　晴

和老师在一起,你永远不知道下一秒会发生什么让你意想不到的事。老师就像一个魔力水晶球,永远变幻莫测,但我知道打开水晶球的密码一定是:老师爱我们,我们爱老师。这不,五月的这天,下午第一节课,大家都昏昏欲睡。上课铃响了,也没有把同学们从周公那拉回来。老师手一挥,交代:“出去上课!”顿时全班一片欢呼声。柳絮飘飞,夏风微微,我们在“励学园”的大树下,席地而坐。老师的讲课声,同学的回答声,一声高过一声,学习的劲头一节高过一节。“夫君子之行,静以修身,俭以养德……”您趣味横生的课堂,不管是在教室,还是外面;不管是现代文,还是“之乎者也”的古文,在您的嘴中,都变成了甜滋滋的棉花糖。我们喜欢您的语文课堂。

2010 年 9 月 14 日　　星期二　　晴

当我接过鲜红的班主任手册，犹如接过了"万元大钞"，心情如此激动，久久难以平静。我有些害怕，自知学习不够拔尖，自律远远不够。但是您信任的目光和阳光般的微笑让我莫名有了守护这种微笑的勇气。感谢老师的栽培之恩，是您让我这样一个平凡的学生有了不一样的经历，是您让原本一成不变的轨迹有了五彩斑斓的色彩。或许您栽培了无数优秀的学子，但我相信我一定会成为让您骄傲的那个。

我喜欢，一回班，就看见您微笑的脸庞；我喜欢，一放学，心就朝着您的方向眺望。博学多才、敬业奉献、忘我工作的小清姐姐，即使有一天我走到了天涯海角，您也永远是我的自豪、我的爱！

我的老师，我的爱
——谨以此文献给沈老师与三班全体同学

文/包恒怡

以前总认为写作是一种负担，但直到现在才明白，写作是保存回忆的最佳方法。

我们在一起度过了三年。三年来，我们哭过、笑过、疯过、闹过……有太多美好的回忆，也有太多对美好未来的向往。谢谢三班，谢谢老师，谢谢全体同学，谢谢你们给我带来美好的回忆，是你们让我知道了什么是爱与感动。

谢谢你，三班。是你，让我知道了我是三班人；是你，让我拥有了集体荣誉感；是你，让我懂得了班级的重要性；是你，让我了解了一个集体的力量；是你，让我爱上了学习；是你，让我认识了可亲可敬的沈老师；是你，让我结交了一帮可爱的朋友……

谢谢您，沈老师。从初一开始，您就教导我们要"自觉、自立、自强"。我们的公开课是最精彩的，您锻炼了我们的反应能力和表达能力，我们的课堂表现总是让人喝彩；我们的劳动场面是最热烈的，大家丝毫不在意自己的衣服和形象;我们的冬天是最温暖的,因为有您给我们买的手套;我们的端午节是最快乐的,因为有您带我们踏青,送我们手链。是您在我们学习疲倦的时候,给我们安排户外活动;是您在我们的合唱比赛中担任指挥,让我们放松自己;是您让我们外出创收,体验生活;是您告诉我们要孝敬父母,体谅父母;是您让我们在越野赛和拔河比赛中,懂得了"友谊第一,比赛第二";是您让我们枯燥的午自习有音乐的陪伴;是您让我们的语文课变得生动有趣;是您让我们的周六变成了欢乐的海洋,看电影、吃糖葫芦;是您让我们的作业本充满鼓励的话语;是您让我们的"恒怡花"灿烂美丽……

老师,谢谢您的栽培,让我成为三班的"六朵金花"之一,培养我的能力。我知道我有很多小毛病,每天大大咧咧的、不拘小节,什么都不往心里去,可您还是那么信任我。您是我生命中遇到的最好的老师,怀孕8个月还关心着我们,而我们有时却不听话,伤了您的心。每当我考试不如意时,您总是和我一起分析原因,鼓励我、帮助我。我们一起唱歌,我们一起回家,那种感觉真好。现在我拼命弥补,拼命挽救,希望您能够原谅我们的年幼无知与叛逆。我的小清姐姐,好想再叫您一声"小清姐姐",好想就这么一直叫下去……

谢谢同学们,你们是我见过最可爱的同学。三年来,我们携手并肩,我们互相比学习,比谁的校服穿得最久、比谁的发型最合格……和你们在一起,每天都是欢声笑语。你们友爱、互助、善良,在我困难时,你们帮助我渡过难关;在我伤心时,你们想尽办法让我破涕为笑;在我受挫时,你们安慰我、鼓励我……你们是我的兄弟姐妹,是我最坚强的依靠。

三班,我的三班。给了我太多回忆,让我学会珍惜,学会感动的班级。谢谢你们,我的三班,我的沈老师,我的兄弟姐妹。

我的生活被改变了,而改变这一切的人被我叫作"姐姐",梦想面前没有谁是赢家谁是输家,我们的关系就像我们是鱼而你是水,我爱你"姐姐",让我们永远在一起……

我的老师，我的爱

文/罗再初

愿清风带走我的歌，吹到您的耳畔；

愿细雨带去我的吻，落在您的鬓边；

愿春花带着我的情，飘到您的指尖；

愿秋月带着我的爱，照在您的心田。

忘不了那一句句殷切的叮咛，

忘不了那一字字含情的批语，

忘不了那一次次特别的活动，

忘不了那一天天陪伴的长情，

忘不了往昔，忘不了流年，也忘不了您……

千言万语，道不出我对您的依恋；

千山万水，阻不断我对您的思念；

千秋万代，磨不灭我对您的谢意；

千册万卷，书不完我对您的情感。

离别，改变的是距离，不变的是纯情；

离别，改变的是远近，不变的是真心；

离别，改变的是环境，不变的是回忆；

离别，改变的是流年，不变的是思念。

豆蔻初谢，而今娉婷的东风依旧，我们却已不同。

我们终将带着您的希望与三年的汗水，

踏入那没有硝烟的战场，

弹指一挥间，便物是、人非、事也休。

我们太粗心,竟没注意到,七月,我们再也不能一起度过;
我们太无知,竟不知道,离别代表的是此生再难朝朝暮暮;
我们太过分,竟只是享受您对我们的关爱,而忘了去回报。
我们太健忘,竟只是憧憬高中的美好,却忘记了我们的承诺。

文字太苍白,它只能写出笔画,写不下那如涛的真情实感;
语言太苍白,它只能说出音节,说不出那如雨的风露清愁;
眼泪太苍白,它只能留下水滴,留不下那如海的悲伤难过;
表情太苍白,它只能展出情绪,展不出那如云的细语呢喃。

在苒岁月覆盖的过往,白驹过隙,匆匆地铸成一抹哀伤。
似水流年,那过往宛如一曲《蒹葭》,虽已停奏,余音绕梁。
脑海中那被岁月覆盖的花开,依旧芬芳四溢,满径馨香。
那些美好的日子,还有在一起的时光,是最珍贵的典藏。

一花一世界,一叶一追寻;一言一关怀,一泪一真心;
一歌一留念,一笑一铭记;一曲一不舍,一文一感激。
一秋一相遇,一冬一相知,一春一相守,一夏一分离。

若有来世,
我不愿与您相知,如此才能不相思;
我不愿与您相惜,如此才能不相忆;
我不愿与您相见,如此才能不相念。

今生我已与您相知相惜相见,
怎能不相思相忆想念?
老师,您是我花开时节最美的遇见;

老师，您给我初中三年最暖的关怀。

离别阻不断望眼，时间消不去容颜，
无论我到哪里，爱就在这里，永离不去。
我的老师，我的爱！

我的老师，我的爱

文/赵安

老师，我们之间有太多的故事。犹如下过一场"夜雨"，醒来便能收获满架蔷薇一院香。很想写一首诗来献给这份来之不易的师生情，但又担心再美的诗歌也难以讴歌出这份深情。

老师，我不会忘记您曾仔细地看我日记中的每一个字，然后留下一段段语重心长的话；我不会忘记您细心地指导我演讲，细致到每一个动作、表情；我不会忘记每天放学我们师生牵手前行的场景；我不会忘记您在日记上印的印章，那是您对我的肯定；我不会忘记您惩罚我后第二天的嘘寒问暖……

老师，还记得一次对话中您对我说的最后一句话是"记住我对你说的话"。老师，您对我说的每一句话我都记得清楚，您的批评我都牢记在心，深深扎进我的心底。有时，我改的动作的确是慢了点儿，但并不是因为我不在意您的话，而是因为我没有找到一个合理的解决方法。

老师，我很喜欢和您对话，因为您总会明白我的想法，给予我忠告，使我受益匪浅。我总觉得您有一个魔法球，能够知道别人的心思。后来我才懂，当你真正在乎一个人，想要走近一个人时，自然就会明白对方的想法。

老师，我的脑海中总会浮现出您生日那天喂我吃蛋糕的画面。您郑重其事地将蛋糕递到我的嘴边，我盛情难却，低下头品尝美味，而我看到您一直注视着我吃蛋糕的样子，眼神中流露出的是对我的肯定。我望着您的眼睛,奶油融化在嘴里,甜甜的……

老师,等我二十岁回来时,我们可不可以一起逛街,聊八卦,谈诗词歌赋,谈美好人生?

我的老师,我的爱! 愿老师每天都有花一样的笑容,鸟一样的活力,愿鸟语花香常伴老师左右……

我的老师,我永远的爱
文/张蕊

如果说我的一生谁对我的影响最大,那我会毫不犹豫地说是我的初中老师——您!

如果说我的一生中除了亲人最爱的是谁,那我也会毫不犹豫地说是我的初中老师——您!

如果说我最后悔的事是什么,那就是我的初中三年没有跟您完整地度过! 因为跟您在一起的每个日子我总是觉得很幸福……

还记得我转入班级的第一天,一进班级就惊呆了。我万万没有想到我的新班主任是个孕妇。即便您连呼吸都很困难,还是坚守班级,我对您的敬佩油然而生。

后来,您对我照顾有加:让我坐在小学同学的前面,消除我对新班级的陌生感;上课经常向我提问,让我快速融入班集体;因为我成绩平平且理科薄弱,考高中难上加难,您急在心里,经常找我谈话,鼓励我要加倍努力。我的感动至今犹在。

有多少老师临产前还能坚持做班主任? 您做到了;有多少老师在孩子两个多月时就能回来继续带班? 您做到了;有多少老师能够为了学生天天中午不回家? 您做到了;有多少老师能够总想着学生累不累? 您做到了;有多少老师能够在初三这么紧张的日子里领我们看电影? 您做到了;有多少老师能够天天陪着我们唱唱跳跳? 您做到了;有多少老师甘愿背负风险,也要把学生带到社会上去历练? 您做到了……

我不知道有多少老师能够做到这些，但我敢肯定您的教育智慧和敬业精神点亮了我们的青春，我更加确定您是我们最幸运的遇见！

您总是千方百计增加我们的幸福指数：我相信没有一个班级的学生能像我们这么幸福：端午节的五彩绳，星期六的电影，午自习的轻音乐，晚上没有语文作业，多上的体育课，中午在班级午觉，课间可以吃间餐……

老师，虽然我们不是您最优秀的学生，但正如其他家长所说，我们是您印象最深的学生；我们也许发生过矛盾，但我相信矛盾过后我们更加爱您。

老师，与您的相遇就像一首小诗，被我反复吟唱，我吟不倦、唱不疲。如果这世间真的有下辈子，我们三班全体兄弟姐妹还要做您的学生！

我的老师，我的爱

文/张卓

任时光匆匆流去，我只在乎你，心甘情愿感染你的气息。

三班人知道，您总是在课后向科任教师诉说我们的可爱；三班人知道，您总是向其他班炫耀我们的浪漫；三班人知道，您总是创造机会展现我们的才华。

您用瘦弱的肩膀撑起了三班的未来；您用单薄的身躯创出了三班的辉煌；您用炽热的目光燃起了我们的希望；您用特有的倔强抚平了我们的年少轻狂。

您喜怒无常，我们习以为常；您敢做敢想，我们佩服敬仰；您单纯倔强，我们为您心波荡漾。

我们敬您，您爱我们。

您，一个"不称职"的妈妈，把近乎所有的爱都给了我们，却忽略了最需要照看的大宝；您，一个"不合格"的妻子，把几乎所有的精力投放在我们身上，却冷落了需要陪伴的丈夫。您，是一个执着的班主任；您，是三班全体同学最爱的人。

初一时,那场轰动全校的班会,让三班学生挺直了腰杆,抬起了头;初二时,几番语重心长的教诲,让三班学生迷途知返,找回了方向;初三时,这段激情燃烧的岁月,让三班同学成绩突飞猛进,成了学年尖子班。

谢谢您,老师!

从相识到相知,因为您,我们从稚嫩变得成熟;从相知到相依,因为您,我们从轻狂变得稳重;从相依到相惜,因为您,我们从陌生变得无法分离。亲爱的老师,这些回忆我们怎能忘记?

日子一天两天三天,有您的陪伴才完美;鲜花一朵两朵三朵,有您的味道才芬芳;星星一颗两颗三颗,有您的关注才闪烁;我们一人两人三人,有您的身影才快乐。

夏天快来了,我们还会牵着您去大广场,我们还会拿相机抓拍您的笑脸,我们还会骑车载您去轧马路。我们会一起看日落,一起跑步,一起种"恒怡花"。

相信我们! 六月份,我们一定会信心满满地走进考场,我们一定是阳光下笑得最灿烂的孩子。因为我们身后,有最亲爱的您!

活动案例六:
学好母语,爱我中华——学贵有志有坚持

著名法国作家都德在《最后一课》中写道:"亡了国当了奴隶的人民,只要牢牢记住他们的语言,就好像拿着一把打开监狱大门的钥匙。"可见,一个国家的语言就是一个国家的灵魂。母语是国家的标志和象征,母语对于民族解放、国家复兴、文化传承有着重要意义。

在班级管理中，我们积极倡导母语学习，利于增强民族认同、增加文化自信，利于传承中华优秀传统文化，利于培养学生的爱国情操，利于提升学生的语文综合素养。

传统的母语学习只局限于语文课堂，而班级倡导的学习活动应该更多元、更开放，也应该是更恒久、更有效的。我在班级管理中以《中华人民共和国国家通用语言文字法》《语文课程标准》的相关内容为指导，以各项语言类文字类活动为载体，以班级特设的诵读课、习字课为依托，始终坚持培养学生"说好普通话""写好规范字"，形成班集体"学母语、用母语、爱母语"的浓郁氛围。在活动的推进中，方案的设计尤为重要，科学可行、翔实周密的方案是活动顺利开展、学生学有所获，以及良好班风班貌形成的前提。我们实施过的班级"学习母语"实施方案如下：

说好普通话，写好规范字
——班级"学用母语，传承文化"活动总方案

一、指导思想

国家通用语言文字是我国各民族共同传承和发展的宝贵财富。学习好、使用好国家通用语言文字是宪法规定的公民责任，推广好、普及好国家通用语言文字是铸牢中华民族共同体意识的重要途径，是学校和班集体立德树人的途径之一。做好国家通用语言文字普及工作，功在当前、利在长远，可以让核心素养落地，为知识运用赋能。

二、活动目标

1. 激励、引导广大学生学讲普通话、写规范字，进一步传承和弘扬中华优秀传统文化。

2. 努力形成"人人会说普通话，人人善写规范字，人人争当文明人，人人能做传承者"的浓厚氛围。

3. 以说普通话、写规范字为途径，锤炼学生的品格意志，提升学生综合素养，建设文明的、和谐的班集体。

三、实施策略

1. 保证学习时间：在学校统一课程设置之外，班级可利用自习课、"双减"政策下的课后服务时间开设口才课、书法课。保证每周一课时。

2. 统一学习内容：每人准备统一的学习资料，如普通话学习、演讲朗诵方面的书籍，还有统一的书法字帖，便于教学活动的开展。

3. 制订学习计划：班级要有针对全体学生设置的学习计划，安排好具体内容、目标和日程。计划要考虑到可利用的时间、应达到的程度。计划中对学习目标的设置也要体现因材施教的理念，不搞一刀切。

4. 加强学习指导：班主任或语文教师要率先示范，努力去做说普通话、写规范字的行家里手，要具有能指导学生的知识储备和能力水平。要在学生学习、应试、活动中给予相应的指导。

5. 做好学习验收：一是做好阶段达标检测，二是开展好对应的竞赛评比活动。

四、组织机构

由班主任及语文教师、家长代表、优秀学生组成专门组织，负责学习指导、日常督查、活动开展等事宜。

在活动总纲的引领下，班级可以开展好学生喜闻乐见、有纪念意义和学习意义的特色活动。例如：以新中国成立70周年为契机，班级举行了"普通话颂七十华诞，规范字书爱国情怀"活动。

特色活动一：以庆祝共和国七十华诞为契机，开展班级语文规范化学习活动。

班级语文规范化学习活动方案设计

一、活动主题

普通话颂七十华诞，规范字书爱国情怀

二、活动宗旨

以赛促学，以赛验学，检验学生学习成果，促进学生深入学习，广泛运用普通话、规范字。以凸显主题的方式激励学生了解国情，激发学生的爱国情怀。

三、活动形式及要求

（一）诗歌朗诵比赛

1. 报名方式：自愿报名和小组推荐相结合；

2. 内容体裁：必须是爱国诗歌；

3. 展示要求：全程脱稿，语音标准，声情并茂，可以有创新。

（二）硬笔书法展览

1. 参赛对象：班级全体成员；

2. 字体要求：正楷简化字；

3. 书写内容：必须是爱国作品；

4. 章法布局：处理好正文和落款的布局，讲究艺术美观。

四、活动准备

1. 选拔活动主持人；

2. 邀请嘉宾评委；

3. 购置参赛用纸、荣誉证书、奖品；

4. 布置活动所需场地。

五、奖励办法

1. 将参展作品择优发布在班级公众号；

2. 特等奖、一等奖得主奖励电影票 1 张；

3. 前三等奖得主，综评活动加分项计为 A 档。

【活动后记】

从筹备到结束，为期两周的语文规范化学习竞赛和展示活动画上圆满句号。这次活动以庆祝共和国七十华诞为契机，借助朗诵、书法两种形式，达到了以赛促学、以赛验学、以学展才、以学颂国的目的，唤醒了学生、科任教师、家长参与活动的热情,还有意想不到的收获。科任教师中的书法爱好者呈献墨宝,为活动助力,为学生示范。还有两名家长参与了班级朗诵活动,掀起了活动高潮,让孩子们感受到了说普通话的乐趣和写规范字的魅力,感受到了祖国语言文字的博大精深,感受到了祖国由站起来到富起来到强起来的光辉历史。

一个活动触动几十颗心灵,凝聚了几十个家庭,促进了学生几年乃至终身的成长。但也有不足:

内容雷同者过多,使活动略显枯燥乏味;朗诵比赛中配乐和课件的制作水准略差,没有锦上添花,反而喧宾夺主;时间受限,缺少点评环节,活动开展得不够深入;空间受限,没有更广阔的展示场地,弘扬汉字文化和爱国情怀的目标没有达到预期。

特色活动二:与语文报同步,在班级开展"课文朗诵大会"活动。

班级"课文朗诵大会"活动方案设计

一、活动主题

用好普通话,争做领读员

二、活动宗旨

1.促进普通话的推广,在语文学习中培养学以致用的能力;

2.拓展语文学习广度,在亲近教材的同时走近更多经典。

三、活动形式

课文朗诵比赛

四、活动要求

1.展示内容必须是现用的教材选篇,长篇可以节选;

2.完全脱稿,时长5分钟以内;

3.诵读要做到正确、流利、有感情;

4.不用配乐、课件等辅助手段。

5.讲究台风和技巧。

五、活动准备

1.报名统计；

2.抽签排序；

3.录制视频；

4.邀请评委。

六、奖励办法

1.将朗诵视频择优发布在班级公众号上；

2.以"喜报"形式在班级群、公众号公布获奖名单；

3.获奖者获得电影票1张；

4.获奖者综评活动加分项计为A档。

【活动后记】

为期一个月的活动落下帷幕，这种分散式、长战线的活动在班级还是第一次开展。活动效果居然盛况空前，主要亮点如下：

一是掀起了班级学用普通话的高潮，为学生之间创造了积极交流的机会。大多数学生因为活动对说好普通话愈发重视，对口语表达产生了强烈的兴趣，更关注发音的准确性，更注重表达的技巧性。

二是促进了学生对教材课文的解读，促进了语文阅读水平的整体提升。因为比赛要求脱稿，所以学生们要做的前期准备就是背诵课文。书读百遍，其义自见。学生在反复诵读的过程中，对课文有了更深层次的理解，把握了文章的内容，领悟了文章的感情，明确了写作的手法。

三是营造了积极向上的良好班风，引导学生在活动中投入更多时间精力。大家的关注点都在每天的比赛准备、观看和点评中，分散了扯闲思、说闲话、做闲事甚至违纪的精力。

四是喜报、影票、加分等特别的奖励方式调动了学生的参与热情，报名人数达到90%，"重赏之下"的学生也都做好了充分的准备。

五是利用碎片时间，凑整为零。充分利用了每堂语文课的课前时间和班级的阅读课、朗诵课,完成了一项大活动,使学生学习能力得到提升,还丰富了班级生活,一举多得。

不足:一是评委不能集中在现场打分,要通过观看视频的方式进行后期的评定,导致朗读视频录制效果好坏也会影响学生的成绩高低。二是仍有个别学生不愿参与其中,或因惰性,或因内向。

因此,活动还需注意在思想上点燃学生的热情,在技巧上指导学生方法,在细节上考虑学情所需。要尽量关注到那些在班级"默默无闻"的学生,想办法让他们也"站起来""强起来"。

说普通话是学习所需、生活所需、工作所需,应该成为不刻意为之就可"习惯成自然"的事情,应该成为班级管理、语文教学中德智并举过程中不可或缺的内容。

活动案例七:
古为今用,敢作敢吟——大胆尝试赛诗会

优秀的传统文化是中华民族不竭的精神财富,古典诗词则是优秀传统文化中的一朵奇葩。在语文教学中引导学生亲近诗词,可以让学生通过对古典诗词的研读打开一扇窗,纵观中华浩如烟海的文化,走向文化中的历史、文人和佳作,打破时空的界限,采撷智慧的果实。班级开展好相应的活动,能将立德树人和语文学习有机结合,引导学生去探究诗词的声律、写法、诗意、诗情,尝试以读促写、以写带吟,丰富诗词的学习方式,传承优秀的民族文化,调动了学生的参与热情,营造了浓郁的班级文化氛围。

笔者在班级举行"赛诗会"已成惯例,每届学生每学期都有一次机会

参与。"赛诗会"不是诵读诗歌比赛，而是原创诗词比赛。赛前是先学写：学生初一时学写绝句；初二时学写律诗；初三时学填词曲。在层级式的学习仿写和创造实践中，学生的文笔由稚嫩走向成熟，由成熟走向优美，他们逐步领悟了如何追求音韵美、炼字美、意境美。别样的学习和系列化的活动，促进了学生写作能力的提升，帮助学生形成了独特的写作风格。

"博采班"首届"赛诗会"活动方案设计

一、活动宗旨

引导学生掌握创作绝句的简单要领，在创作中感受古典绝句的音韵美、炼字美和意境美，感受中华优秀传统文化博大精深的底蕴，促进学生写作能力的提升和写作风格的形成，促进班级成员间的文化交流，构建和谐儒雅的书香班集体。

二、活动口号

古为今用，敢作敢吟

三、活动要求

1.提交作品要贴近生活，基本合乎绝句规则。形式上可以是五言绝句、六言绝句、七言绝句，讲究字数、句数，押韵即可。内容要积极健康，歌颂真善美。

2.提交办法：电子版，固定时间上传至班级群，同时附加个人配乐朗诵的视频，进行公开展示。

四、活动准备

1.在课文学习的基础上，再深入研读至少5首绝句。体会绝句在思想表达、意象选择、写法运用、字词锤炼上的特点。

2.通过自学巩固的方式去查阅资料，可采用纸质阅读和电子阅读等多种方式，再次体会绝句的历史、特点和创作的技巧。

3.为让更多家长见证孩子的成长，采用线上展示的方式。展示平台为班级微信群。提前告知家长活动时间。

4.选拔线上活动的主持人,指导学生撰写主持词。

5.购置活动奖品和证书。

6.邀请活动评委,暂时加入家长群。

7.教师或家长原创作品示范。

五、奖项设置

"最优创作奖"十名。

"最佳全能奖"五名(奖给作品和诵读都优秀的学生)。

六、活动评委

学校领导、科任教师、家长代表。

【活动后记】

这是班级首届"赛诗会",得到了家长和学生的高度重视,也取得了意想不到的效果。2021届"博采班"入学时语文平均分刚过及格线,班级学生家长文化水平不高,且大部分务农或在外务工,不具备辅导孩子的能力和条件。我以为开展比赛的时机不成熟,但因为班级活动日程所限,只能勉强为之。结果却颠覆了我的认知:原来再弱势的群体都有无限的潜能。

一个好的老师要守住的是初心,要用足的是细心,要凝聚的是人心,要做的是让星星之火燃起燎原之势。不错失每一个可以给学生和家长增信心、长才干的机会。学生和家长在活动中的表现和成绩再度赋予了我开展特色活动、促进语文学习、加强班级管理的动能。

学生的作品几乎都能做到押韵,有意想不到的取材,有自叹不如的立意。孩子们在二十几个字里推敲琢磨,想方设法创作佳作。在思维的碰撞中,在作品的生成中感受别样的快乐。一点点启发,一点点唤醒,一点点点燃……点点滴滴都是成功的积淀,都是美好的汇聚。

活动中,主持的、参与的、获奖的、落选的,每个人都有自己的收获。我想这就是教育的皆大欢喜,这就是成长的终极追求。我能深深地感受到班级的凝聚力，班主任的向心力，语文的感染力都在增强。

【优秀作品】

(一)教师作品:《听书有感》四首

序:玉关在望,生入无由。

青海雪山,黄沙百战。

悲从军之多苦,冀克敌以何年。

遥想诗人一生,屡遭贬谪,

遂赋七绝一首以怀之。

听书有感一·怀王昌龄

诗家夫子王江宁,

百战黄沙从军行。

沉浮宦海初心在,

犹记龙标恤民情。

听书有感二·怜幼安

男儿到死心如铁,

投闲置散恨苟且。

可怜白发三千丈,

失地尽洒遗民血。

听书有感三·叹李绅

千年悯农享盛名,

悯人悲天意难平。

问君怎将初心忘?

为官不正负苍生!

听书有感四·问太白

重回大唐会李白，

对酒当歌赞其才。

试问平生多少事？

诗情依旧凤凰台。

（二）家长作品：《秋词》四首

秋词一

雨打树枝秋叶黄，

狼藉满地铺满霜。

问君今夕何处去，

举杯邀月倍凄凉。

秋词二

问君欲以为何求，

暗无前路如何走。

苍山迷茫无路求，

波澜汪洋一叶舟。

秋词三

秋夜无眠淫雨忙，

室黑窗外一点亮。

天下思念苦断肠，

无奈心田往何方！

——中学语文教学与班级德育的相融相长

秋词四

春耕夏忙秋不闲，

汗水滴石石欲穿。

农民若得丰收年，

喜怒哀乐盼双天。

（三）学生作品——原创诗词

【习作一】

登彩云岭

文/崔芷瑄

彩云岭上彩云飞，花海人潮两溢辉。

问雅龙亭闲适客，吟风玉影自由杯。

【习作二】

游太平村

文/王鑫

天壶把盏神犁拓，沃野飘香稚子追。

俯瞰河山多壮美，夕阳做伴不思归。

【习作三】

沁园春·二中

词/沈子珺

瞩目二中，环境幽雅，设施齐全。

望校园内外，绿树成荫。

大楼上下，花砖亮闪。

花若红霞，草如绿毯，实乃名城一花园。

待间操，看才子才女，青春欢颜。

办学如此特色,引百千学子择校难。

叹县域之外,百里不远;

隶属乡村,恐后争先。

县直他校,磨拳擦掌,励精图治欲追赶。

无须赞,人才摇篮,果不虚传!

【习作四】

沁园春·念亲恩

词/林子云

亲恩浩荡,母爱若水,父爱如山。

忆数九隆冬,暖被驱寒;

三伏盛夏,摇扇遮炎。

锦衣少穿,佳肴略享,儿女口体总魂牵。

问世间,数真情万种,谁属非凡?

笑看天高地宽,不抵爱子之心这般。

念病榻之侧,泪下潸然;

学有长进,喜笑开颜。

身走他乡,挂肚牵肠,一日叮咛三五番。

虽善赋,道双亲慈护,三分犹难。

【习作五】

沁园春·电子竞技

词/姚森

竞技场内,键盘噼啪,鼠标滑翔。

看舞台上下,声音寥寥;

屏幕内外,战火茫茫。

眼转飞快,手动神速,欲将对手全击伤。

须时机,看技巧操作,分外激扬。

游戏如此绚丽,引无数玩家竞疯狂。

惜暗黑星际,少有人知;

网页网游,水平不强。

一代神作,魔兽争霸,只因新版长不放。

俱往矣,盼电子竞技,走向辉煌!

【习作六】

沁园春·三国

词/戚万元

东汉末年,奸贼当道,群雄起兵。

看新野刘备,以仁待人;

卧龙诸葛,辅刘夺荆。

许昌曹操,盘踞北上,欲与孙刘天下定。

刘关张,义结桃园,千古留名。

江山如此多娇,使无数英雄俱无情。

惜袁家二子,爱其如命;

周瑜关羽,逝因其性。

一代人侯,仲谋玄德,只知阻挡曹来平。

俱往矣,数英雄人物,谁人能行?

(四)学生作品——歌词改编

《卜卦》新编

词/张馨元

朱阁下,青藤架,美艳晚霞。

如水月牙,微微在云中挂。

冷风飒,舞流沙,纠缠窗纱。

银光倾厦,映出点点芳华。

久闻暗香,寻香去原是那梅花。

雪轻下,在枝头静静压。

闲来兴雅,我调琴花前和月下。

那云影好似奔马。

尽兴地,弹弹弹,又奏了一曲。

永不停息,无论春秋冬夏。

不停地,看看看,望尽了美景。

江山如画,一同踏遍天下。

《卜卦》新编

词/包仁泽

繁华声,入空门,折煞世人。

斑驳城门,盘踞着老树根。

梦偏冷,等一生,情债几本。

缘分生根,石板上回荡在等。

翻开史册,温柔不肯,下笔太狠。

雨纷纷,旧故里草木深。

跟着红尘,就跟随我浪迹一生。

听青春,羡煞多人。

不住地,想想想,转眼泪两行。

烟花易冷,到头人事易分。

对情的盼,盼,盼,仍守着孤城。

伽蓝寺听,雨声盼永恒。

活动案例八：

辞旧迎新，线上祝福——虎年贺词谱华章

教育的智慧是深挖教育资源，抓住各种教育时机，运用各种教育方式，解决各种教育难题，把学生的热情唤起，把学生的潜能激发。

2022年春节，我给学生布置了"迎新实践作业"，具体方案如下：

【方案设计】

2022年"博采班"迎新作业方案设计

一、设计意图

提升语文能力，增进集体感情，以创意作业，促进学生写作与表达的能力，为全班创造一次公开展示交流、互动祝福、回顾反思、展望规划的机会，实现语文学习和班级管理两相促进的目的。

二、作业要求

内容：写一份新年贺词或感言，以视频朗读的形式发到班级群中。

1. 文字稿要求

围绕主题抒发真情实感，语言生动，凸显个性风采，内容充实，做到条理清晰，不落窠臼、避免老生常谈。200字以上。

2. 视频要求

时长2分钟以内，画面清晰流畅，表达吐字清晰，可以用配乐、特效增强表达效果。

三、展示时间

2022年除夕夜(1月31日)晚8点开始

四、展示方式

线上祝福,微信平台班级群发。

五、展示环节

1.主持人致开场白;

2.班主任致辞;

3.家长代表致辞;

4.学生代表致辞;

5.主持人结束语。

六、作业评奖

一等奖1名,微信贺岁红包10元;

二等奖2名,微信贺岁红包5元;

三等奖5名,微信贺岁红包2元。

【活动后记】

这是我从教以来第一次开展线上迎新年活动,可以说有鲜明的时代烙印,是在响应疫情时期不聚集、不串门的号召下交流感情的非常手段,也是现代化信息手段和语文学习、班级管理的有机结合,更能体现国家出台的"五项管理"中的作业设计理念。创意性的实践作业优化了作业设计,激发了学生的兴趣,减轻了学生的课业负担,提升了育人效果,一举多得:

一是发挥了教师、家长的引领作用。

二是创造了公平、公开的展示锻炼机会,促进了学生之间的相互学习借鉴,取长补短,共同进步。

三是在写作实践和语言实践中提升了学生的语文素养,为语文学习赋能。

四是在视频祝福中拉近情感距离,营造了大家庭的亲密氛围,有利于构建和谐友爱的班集体。

不足如下：

一是学生的文字功底还需加强，内容千篇一律，缺乏个性风采。

二是表达技巧刻板。大多数学生是照本宣科、生搬硬套地背诵文稿，缺乏感染力。

三是细节关注不够，有的学生着装过于随意，有的视频录制效果不佳，图像不清、视频抖动，背景杂乱不堪。

四是教师家长的贺词都放在活动开场，使整个活动有些头重脚轻，如分散放在活动首尾则效果更佳。

上述问题，很大部分原因是教师经验不足，对学生指导不够细致，对活动策划不够周密导致的。经过总结经验及调整方式后，可以将此活动延续下去，形成每年必备的常规活动，真正让全体学生在活动中受益。

【优秀贺词】

班主任新年贺词

尊敬的各位科任教师、各位家长，亲爱的同学们：

过年好！岁序更替，华章日新。波澜壮阔的 2021 年已接近尾声，在这辞旧迎新的美好时刻，我要向大家致以诚挚的问候和节日的祝福！

我们有幸相逢在建党 100 周年之际，有幸携手并肩在"十四五"开局之年，共同开启新征程，展现新作为。过去的一年，我们在学习中汲取了智慧和力量；我们在各项活动中提升了能力和水平；我们在社会实践中展示了风采和特色；我们在期末考试中取得了傲人的成绩……这一切的收获都离不开我们每一位教师、家长和同学的努力。

"春种一粒粟，秋收万颗子"。新的一年，希望每个一班人都能脚踏实地、砥砺前行，共同书写新篇章！

希望同学们能感恩明理，严于律己。

牢记老师教诲之恩,不忘家长养育之情。懂得每一种给予都不是理所应当,明白每一种接受都不可心安理得。要知恩、感恩,做到滴水之恩,涌泉相报。

希望同学们能志存高远,只争朝夕。

人生在世,一半为生存,一半为奋斗。大家要确立人生的目标,随时做好奋斗的准备。要有迎难而上的魄力和百折不回的韧劲。无论处于低谷还是逆境,要永不放弃,自强不息。

希望同学们能锤炼自我,全面发展。

新的一年,同学们要加强体育锻炼,增强体质,保证健康;要学好文化课程,扬长补短,力争上游;更要好好做人,要人格卓越,力争品学双优。

行而不辍,未来可期,2022年,让我们从党的百年奋斗历程中汲取智慧和力量,让我们携手并肩、勇敢前行,全力以赴求进步、谋发展,以优异成绩迎接党的二十大胜利召开!

衷心祝愿大家新年快乐、万事如意!

学生贺词一

敬爱的老师们、叔叔阿姨们,还有一班的小伙伴们:

崔芷瑄在这里给大家拜年啦!祝愿我们的老师新年工作顺利,祝愿叔叔阿姨们工作顺利,祝愿一班的同学们学习进步!

首先,我要感谢过去一年里老师赋予我的权利和信任,让我承担了班长职务,并耐心地培养我;其次,要感谢同学们对我工作的大力支持,谢谢你们对我的包容和理解;最后,我呼吁大家一起感谢我们的爸爸妈妈,谢谢他们为我们的成长倾其所有,殚精竭虑。

今年,我们又将长大一岁。希望大家能更懂事,更努力。要在新年确定新目标,别怕山高,只要攀登就会到达顶峰。让我们携手并肩,顶峰相见!

谢谢大家!

—— 2021届（1）班 崔芷瑄

学生贺词二

敬爱的恩师们，亲爱的同学们：

岁月不居，新年踏歌而来；时节如流，冬雪落满山河。

不知不觉便开启了新的一年。首先要感谢大家在过去一年中对我的帮助，使我学有长进，快乐生活。请允许我把最真挚的祝福送给大家。祝福每个一班人顺顺当当，健健康康，常怀欢喜！

展望新的一年，希望同学们能为自己努力，为班级争光。让我们坚守内心的梦想，不惧困难；拥有进步的决心，学会创新；不惜勤奋的汗水，收获成功。

愿大家新年心中有丘壑，目光存山河，明知山有虎，偏向虎山行，拿出"初生牛犊不怕虎"的气势和"凛然长啸向山呼"的劲头，迈向新征程，创造新辉煌！

让我们紧紧跟随沈老师的脚步，牢记家长们的期望，扛起时代赋予我们的使命，赓续荣光，奔赴远方！

—— 2021届（1）班 林子云

学生贺词三

敬爱的老师、叔叔阿姨，亲爱的同学们：

大家好！我是张凌岳。我也要祝大家新年快乐，万事如意！但我觉得快乐不是盼来的，成功不是等来的。正如我们班级在过去一年取得的累累硕果，哪一项成绩不是咱们披荆斩棘拼来的？

回顾一学期的生活，我们要为自己鼓掌。因为大家团结一心，努力拼搏，咱们才有了那么多的学年第一；因为大家尊敬师长，听从教诲，我们才有了那么多的成长进步。

新的一年，我们要再添一把柴，要有"会当凌绝顶"的决心，去勇攀高峰；要有"一览众山小"的气魄，去开阔视野。希望大家都能扬长补短，蓄力奋发,争做有德有志、有才有为的一班人!

最后,我要祝福我们一班的每个成员:梦想成真,虎年大吉!

—— 2021 届(1)班 张凌岳

活动案例九:
开好班会,凝心聚力——多变文化育英才

坚持开好班会,包括常务班会和每月至少一次的主题班会。教师要亲自主持,让学生可以借鉴学习,可以领悟到语文学习对开展活动的重要性,也要给全体学生提供班会主持和策划的机会,使其在动脑、动口、动手的实践中增长才干。包括设计能力、撰稿能力、组织能力、现代信息技术的使用能力,与同学沟通协作的能力等。坚持开好班会,一定可以达到立德树人的目的,真正实现"德育为先,能力为重",从而促进学生以语文能力为核心的多种能力的全面发展。

结合具体班会课指导学生如何以自主合作的方式完成一节优质的班会课,是班主任工作中极具挑战的新课题。班主任或语文教师的指导对学生来说尤为重要。

针对自由命题的主题班会,对学生的指导可以从以下方面入手:

一、选题,要有针对性。体现班级德育所需,要通过班会解决班级管理中的问题。

二、设计,要抓兴趣点。内容和形式都力求从思想上引起学生的关注和共鸣。要形成书面简案。

三、准备,要细致充分。做好物质准备和精神准备,准备好班会课所需的物品,准备好含主题板报等在内的会场布置,准备好应对随机问题

的预案。

四、环节，要条理清晰。避免冗杂，要利于互动。

五、语言，要简明生动。要体现个性风采，符合主题要求。含开场白、结束语、每个环节的过渡语，以及即兴的主持词。

六、手段，力求现代化。要充分利用现代信息技术，进行班会活动的辅助和渲染，让班会开得有声有色，避免"一言堂"等空洞说教。

七、留痕，保存相关材料。含文字稿、影像资料等。

下面，给大家分享两个案例，一个为学生在班主任的指导下合作原创，另一个为教师原创。

【学生原创】

2002届(2)班《我爱我班》主题班会活动方案

一、活动目的

1.增强学生的主人翁意识，让学生知道自己是班级的一员，明确爱班的重要性和必要性。

2.引导学生了解热爱班级的手段，能结合自身情况去为班集体做贡献。

3.实施自主式班级管理，落实班级管理承包责任制。

二、活动准备

确定主题，设计简案，确定主持人，写好主持词，布置黑板报，改编歌词，节目排练与修改，制作多媒体课件。

三、活动过程

(一)开场白

主持人甲：尊敬的老师，

主持人乙：亲爱的同学们，

合：大家好！

主持人丙：冬去春来，我们又迎来了一个美好的开端。

主持人丁：人来人往，我们依旧坐在了同一个班级。

主持人甲:班级是你的,

主持人乙:班级是我的,

主持人丙、丁:班级是你我共同的家。

主持人甲:爱是春风,可以温暖每一个凄冷的灵魂;

主持人乙:爱是甘霖,可以滋润每一寸干渴的心田;

合:爱是纽带,把我们78个兄弟姐妹连成一家。

主持人丙:因为有了爱,才有了我们这个大家庭的团结奋进,

主持人丁:也正是因为有了这个班集体,才有了我们每个人的健康成长。

合:所以我爱我班,我爱我家,我们爱班如家!

主持人甲:我宣布2002届(2)班《我爱我班》主题班会正式开始!

(二)探讨热爱班级的必要性

主持人甲:亲爱的同学们,"爱班如家"绝不能成为一个冠冕堂皇的口号,它应是我们发自肺腑的心声。

主持人乙:我们只有从思想上深刻地认识到爱班的重要性、必要性,才能真正付诸行动。所以,为什么爱班,是我们首先要探讨的问题。

(学生发言:6人)

主持人丙:同学们说得都不错。为什么要爱班级?我们找到了最有说服力的答案。

主持人丁:言为心声,同学们质朴的语言让我们切实感受到了大家爱班如家的赤诚。看看我们班窗明几净,桌椅整齐。

主持人甲:看我们的同学举止大方,自强不息。难道这样的班级不值得我们爱吗?

主持人乙:俗话说:"痒要自己抓,好要别人夸",二班好不好?先别下结论。我们来看看,同学们是怎么看的。请欣赏快板《夸一夸》。

(快板表演:《夸一夸》,表演者:徐峰等)

(三)探讨班级管理的方法

主持人甲:刚才四位同学说的台词,句句属实。我们二班就是这样

优秀。我们要再接再厉，开动脑筋，动手去创造，建设一个积极向上的班集体是我们共同的责任。

主持人乙：常言道："三个臭皮匠，顶个诸葛亮"，要使班级成绩稳步上升，必须要在班级管理方面有所创新。不知道同学们在这方面有什么高见呢？

（学生发言：5人）

（古筝独奏：《渔舟唱晚》，表演者：苗雪菲）

主持人乙：欣赏了《渔舟唱晚》的清音，我们接着谈刚才的话题。

（学生发言：5人）

主持人丙：好！说得真不错！

主持人丁：是啊，很有新意。有了这些好方法，二班一定会越来越优秀的。

主持人甲：刚才大家说的内容，我们一定认真落实到工作当中去。

主持人乙：今后我们就在班级设置一个"建议箱"。希望班级中的每一个成员都能为大家贡献一分力量，把你的可行性管理方法及时提供给班级，千万不要有什么顾虑，要相信自己。自信很重要，给班级提建议也是如此。

主持人丙：是啊，自信是成功的基石。如果牛顿不自信就不敢提出万有引力定律的伟大设想；如果我们不够自信就不能很好地主持这次班会。自信对我们班级的重要性都表现在下面这首歌中。

主持人丁：请欣赏二人合唱《I believe》。

（合唱：改编版《I believe》，表演者：刘彬彬 刘汉哲）

主持人甲：这首歌的歌词是苏林同学为本次班会连夜编写的，我觉得热爱班级的她就是大家学习的楷模。

主持人乙：一个真实的人应该是表里如一的。我们不能做言语的巨人，行动的矮子。

主持人丙：热爱班级，我们一定要表现出自己的诚心，那我们怎样才算爱班呢？

（学生发言：2人）

（男声独唱《我爱我班》，表演者：臧强）

（学生发言：3人）

（诗朗诵：《盛满诗的花篮》，表演者：程婉君）

（学生发言：1人）

主持人丁：只要我们乐于行动，其实生活学习中有许多爱班级的方式。

主持人甲：希望同学们都能行动起来，共创我们班级的美好明天。

主持人乙：人非圣贤，孰能无过？在漫长的人生路途中，我们都会走一些弯路。蓦然回首，同学们可能会后悔自己有过太多的过失，此时坚强的你不应该堕落，而应再扬风帆。成就自己的美好未来，弘扬班级的自强精神。这是爱自己，也是爱班级的表现。接下来，把舞蹈《从头再来》送给大家，希望同学们过而能改，从头再来。

（舞蹈表演：《从头再来》，表演者：全体女生）

主持人甲：同学们，无论成功失败，"弃我去者，昨日之日不可留"。

主持人乙：是啊，现在我们应该做的是乘胜追击。

（四）落实自主班级管理责任制

主持人甲：为了使班级日臻完美，大家要献计献策。今天需要大家、考验大家的时候到了。

主持人乙：今天，我们将迈出自主式班级管理的第一步。从本周开始，我们班将落实"承包责任制"。请大家看大屏幕。

主持人丙：我们把班级工作一一分类，并规定了承包期限、注意事项、评估原则等，希望大家根据自身情况，踊跃承包。

（播放运动员进行曲）

主持人丁：好，请各位承包责任人上台！

主持人甲：请大家举起右手跟我宣誓：

"本人以优秀学生的人格做庄严宣誓，在本人承包期限内，将尽职尽责为班级管理贡献力量！领誓人：谭明，宣誓人——"

好，各位承包人请退场入座。

主持人乙：当班级需要我们的时候，我们一定要挺身而出。这样才对得起我们相聚的缘分，才对得起老师早出晚归的付出。欣慰的是在刚刚的活动中，同学们都没有退缩。看来大家真的爱班如家了。

主持人丙：想想我们的班级由昨天的坎坷荆棘走到今天的灿烂辉煌实在是非常不容易。在这次班会接近尾声之时，让我们一起回顾一下班级的过去，展望一下班级的美好未来，怎么样？

（小品：《昨天·今天·明天》，表演者：陈铁义、王珂、张海林、梁志彬）

（五）结束语

主持人甲：在轻松愉快的气氛中，我们明确了爱班的重要性，也了解了建设班级的好方法。

主持人乙：我们相信，大家会以自己的实际行动表达对班级最深沉的爱。

主持人丙：爱是人类最美好的情感，是高尚的行为。它是从心灵深处盛开的鲜花，它是美丽的，是芳香的，更是博大的。

主持人丁：这种博大足以包容世间万物。世界有多大，爱就有多大。

合：那就不要把爱局限在狭小的童话王国里。让我们把爱延伸，把爱扩展，把爱献给班级，献给学校，献给每一个需要我们的地方。《我爱我班》主题班会到此结束。

【活动后记】

2002届2班的学生文化基础薄弱，家长受教育程度普遍偏低，又是学校后组建的班级，缺乏凝聚力和向心力。对于这样的班级，短时间的学习提升有困难，但活动上的一鸣惊人是可以达成的。因此我鼓励、指导学生精心策划了这次班会，并邀请了全校的领导、班主任教师观摩。这给了学生极大的动力，充分挖掘了每个学生的潜力，保证了每个学生都有发言或登台的机会。因为活动关乎每个人，所以全体成员都愿意为集体贡献力量。我们努力做的就是人尽其力,物尽其用。

历时一个月,全班的课余时间都在忙班会。大到环节设置,歌曲改编,小到一个过渡语,一个小表情,大家都逐一推敲,追求完美。

活动当天,参会教师有50多人。除了学校领导和班主任教师,还来了很多科任教师。学校建校以来的首次班会展示得到了大家的好评,以至于德育校长王春娟在总结的时候不禁流下眼泪。孩子们优秀的展示让她吃惊,更让她感动。全校首次班会观摩让她看到了孩子们的潜力,也看到了一节好的班会课对学生能力提升,思想教育的重要性。

这次班会虽然是排演,但却让学生们在活动中感受到了团结的力量,收获了成功的喜悦,也收获了满满的自信。班会课上的那些高光时刻,一直激励着他们在以后的日子里自强不息,追求卓越。我们班后来实现了学业上的逆袭,成了学年13个教学班中学年成绩排名第2的班级。

【教师原创】

2016年全县主题班会观摩
走出困境,走向成功
——活动体验式班会设计

一、班会背景

本次班会的设计建立于科学调研学情的基础上:当前许多孩子在生活中、学习中过分依赖师长,过分倚重环境;思想上,不能正确地对待困难,抗挫能力差,遇事容易退缩,习惯逃避困难;能力上,缺乏客观审视、分析问题的能力,缺乏科学解决困难的能力。

二、班会目的

1. 提高认识:多为成功找方法,不为失败找理由。

2. 提高能力:提高直面困难、分析困难、解决困难的能力。

三、班会准备

设计教案、制作课件，准备 A3 纸和彩色粉笔。

四、班会环节

（一）热身篇——激情导入

亲爱的同学们，大家好！

《礼记》中说：教学相长。很高兴我又有了一次与同学们一起成长的机会。希望这节课的学习能带给大家更多的体验和感悟。

在浩如烟海的中国历史中，有这样一些人：有身受宫刑，忍辱负重撰写《史记》的司马迁；有卧薪尝胆、厚积薄发的勾践；有家贫好学、矢志不渝的宋濂；有身残志坚，永不放弃的张海迪……

学生回答：对！不经历风浪，就不能到达胜利的彼岸；不经历风雨，就看不到美丽的彩虹；不战胜逆境，就尝不到成功的喜悦！

同学们，想不想和老师一起，"走出困境，走向成功"？你们能在困境之中思索对策，迎难而上吗？

好，光说不练假把式。看看大家能不能接我一招！

（二）活动篇——读诗作画

1. 首次作画

这是一首哲理诗，"春江水暖鸭先知"这句古诗告诉我们，实践出真知，尝试出智慧。所以老师要让大家先实践一下"读诗作画"，看看大家会不会在体验中获得大智慧。

（1）发放纸张。

（2）出示要求：

用笔简约，表现诗意，色彩鲜明，限时三分。

（3）讲台备品：彩色粉笔，碳素笔。

看看谁画得更快更好，能抢占先机展示成果。

2. 再次作画

作画有困难吗？你打算放弃还是继续？继续就要攻坚克难，你想到解决的办法了吗？

（三）感悟篇——局外生慧

为什么同样的活动，同样的要求，结果不同呢？

大家在解决困难的过程中，有没有悟出成功的方法呢？

小活动，大智慧。同学们在体验中有这么多的感悟，让老师甚是欣慰。我相信今后大家在面对困境的时候，一定会更加从容；在追求成功的路上，一定会更加自信。

老师也总结了一些成功的学问，正如同学们所说，只是形式有别，给大家看看。

（PPT展示:《沈氏成功学》）

遇困难,勿自弃;心乐观,不回避;

找原因,莫迟疑;信成功,有妙计。

好方法,需三思;几步走,心要细。

懂合作,善借力;当机断,解难题。

好行动,贵有持;意志坚,要争气!

老师的成功学在实践中屡屡奏效，且给大家列举两例。

（PPT展示:"天鹅计划""猎豹计划"）

今天和大家分享家庭和工作中的事，一是要让同学们知道每个人的生活都不是一帆风顺的，二是想让大家知道办法总比困难多。只要我们——

（PPT展示）

审视现实知困难;冷静思考找元凶;积极应对想良策;坚持实践必成功。

咱们现在就来实践一下怎么样？

（四）应用篇——攻坚克难

以填写表格的方式，引导学生思考当下学习和生活中的困难，并结合本课的体验，找到应对困难的方法。

（五）分享篇——相互勉励

本节课同学们让老师看到了你们直面困难的勇气和解决困难的霸

气，老师相信你们必成大器！最后，老师有几句话送给大家：

诸位同学：

尔等——

国之栋梁，家之希望。

恰好风华正茂，自当意气风发！

遇困难，须誓不低头；

逢对手，要绝不认输；

遭挫败，应永不放弃！

宜上下求索，万千思量；

应排除万难，追求成功！

以热血之躯，扛起责任；

用铮铮铁骨，踏平艰辛！

奋发有为，无愧我心！

笑看风云，成就我生！

谢谢同学们！祝你们青春无忧，学业有成！

【活动后记】

大部分学生在体验感悟、互动分享中增强了对困难"利中有弊"的认识，树立了战胜困难的信心，提高了解决实际困难的能力。这节课，让每位参与者受到启发，鼓舞了士气，传播了追求成功、拒绝放弃的正能量。班会达到预期效果，体现出如下优点：

1.选题有针对性，能切中学生存在的普遍问题，有现实意义。

2.设计有创新性，能采用活动体验的方式去启发学生自育自助。

3.活动有鼓舞性，能起到振奋人心、催人上进、助人成长的作用。

4.互动有开放性，能搭建师生、生生及与观众之间互动的平台。

活动中的不足：

1.学生的参与面还应更广泛些。

本次活动就是为了引导学生解决生活中实际存在的困难，而在班会上那些沉默的同学首先应克服的就是发言困难,参与困难,融入集体困难。所以更应有意识地为这些学生提供表现的机会。

2.班会的教育性还应更深入些。

本次活动的设计还可以继续深入挖掘教育内涵,可以将后面的环节拓展延伸为"助人",引导学生既要"扬长补短,做好自己",也要"发光发热,奉献爱心"。

活动案例十:

解放教师,成就学生——角色互换有惊喜

无论是学科学习还是班级管理,都要充分发挥学生的主观能动性,激发他们的内驱力。要采用恰当的策略去解放教师,培养学生。要利用好学科优势和青春期学生心理发展的特点,去开展学生喜欢、富有新意和挑战性的活动。我会分学期开展"我是语文小讲师"活动,并努力保证在初中三年的时间里,让每位同学至少有一次登台讲课的机会,以此促进学生主动探索语文学习方法,形成班级学语文、爱语文的风气。

这个活动要想开展好,首先要做好"授前辅导",其次要发挥好教师的示范性,再次要引导学生做好教后反思。

教师要面向全体学生,给予专业的"授前指导",例如如何做好授课前的准备,要指导学生学会备课,掌握收集资料的方法,学会设计教案和制作简单的课件。在学生准备的过程中,锻炼了他们收集、处理信息,构思、表达、思辨等多种语文能力。"授前辅导",还包括引领学生明确一节好课的基本特征,要让学生朝着"好课"的方向去设计目标、进行导入、安排活动、进行反馈、书写板书、做好总结等。此外还应该注意课堂

随机问题的应变。

其次是发挥好教师的示范性，给学生上好样板课，同时引导学生关注所有科任教师是如何上课的，学会从专业的角度去听课。在学生学习模仿的过程中，增强了听课的专注度，加深了对课程的领悟度，学习了现场授课的好方法。

最后是学生实践之后，教师一定要"画龙点睛"，进行点评指导，让主讲学生和听讲学生都明确授课流程及相关要求。学生本人也要有一个内化和提升的过程，就是大家熟知的"教后反思"。在反思中加深对讲授内容的深度理解，在反思中强化学以致用、扬长避短的能力。引导学生通过反思明确自身优点和不足，明确自己的努力方向。

此外，要确定好学生的主讲内容，安排好学生的授课日程，或集中以赛课的形式开展，或分散穿插在每周。学生讲课的内容可选择教材内的自读课，包括课外的古诗文。起步阶段可以从讲短篇课文或者一首诗词入手，要让学生感觉入门不难。如人教版初一学年的教材中，课外古诗文阅读中有部分绝句，可以鼓励学生去讲这部分内容。

这个活动是非常有挑战性的，让学生由台下走到台上，由听讲变成主讲，这种角色的大换位需要的不仅仅是方法，更需要信心和勇气，这就需要教师采用各种方法鼓励学生，重在体验，不要苛求。要给予充分的肯定，并在每学期众多学生主讲的课程中选出两节以上，进行"学生优质课"的展示，可以邀请学校领导和学生家长听课，以此提升学生参与的积极性。

虽然是学生的台上展示，教师的台下辅导也是至关重要的，一定要对学生的课前准备跟踪指导，特别是教学设计要和学生一起论证修改，条件允许的话还可以让学生进行一次"无生授课"。无论对于学生个体还是对于班集体，好的开头都是至关重要的，所以在活动初期，教师一定要给予适时适度的关注。

班级首届"我是语文小讲师"活动方案

一、活动宗旨：

营造班级学习语文的氛围，提升学生学习语文的热情，掌握语文学习的方法，促进学生全面发展。解放教师，培养学生主动探求、勇于实践、团结协作、换位思考的意识。

二、活动要求

（一）根据自己的兴趣和能力，选好主讲篇目。可选篇目为教材中的自读课。

（二）个人自愿和小组推荐结合，限报 10 人。

（三）保证授课效果，要做好充分准备。

1. 通过广泛查阅资料、请教他人的方法先做好文本自学，要熟知讲授内容，能深度解读。

2. 教学设计要条理清晰，项目齐全，设计意图明确。上交纸质版供老师指导和班级存档。

3. 课件制作要考虑授课需要，简单实用即可，不要过于烦琐花哨，发挥好辅助功能，不要喧宾夺主。

4. 要预想授课中可能出现的问题，并有相应的应急处理办法。

5. 要把讲授内容熟记于心，做到全程脱稿，不可照本宣科。

6. 要有必要的习题补充，要精选训练内容。

（四）授课后结合上课效果和老师、同学的点评反馈，做好反思，写好后记。

三、活动时间

周一或周五的语文课，每周限 3 节。

四、活动地点

班级或录课室，自选。

五、活动评奖

一等奖 1 名，二等奖 2 名，三等奖 3 名，优秀奖 4 名。

六、活动准备

（一）教师准备

1. 做好学生的动员和指导。

2. 邀请老师或家长参与活动，力求每节课至少有1个老师或家长参与听课，增强学生的责任感和荣誉感。

3. 做好评分标准，准备好拍照设备。

（二）学生准备

1. 研读教材，把握重难点。

2. 设计、提交教案或课件，请老师指导。

3. 准备教具。

4. 进行"无生"试讲。

七、评分标准

主讲人		课题		讲课时间	
评价项目	评价标准				得分
教学目标 （10分）	1. 目标明确、具体、科学，有层次性。 2. 符合课程理念，体现三维统一。				
教学内容 （20分）	1. 内容传授准确。 2. 课堂容量充实，重点突出，主次处理得当。 3. 注重知识与生活的联系。				
教学过程 （30分）	1. 环节清晰，过渡自然。 2. 气氛活跃，参与度高。 3. 辅助手段运用得当。 4. 时间调控好，应变能力强，能灵活处理突发问题。				
教学效果 （20分）	1. 目标达成好，重点得到解决，难点有所突破。 2. 有学法指导和生成，学生能力有提高。				
个人素质 （10分）	1. 教态自然，声音洪亮。 2. 基本功扎实，板书工整、实用、美观；语言表达清晰流畅，富有感染力。				

续表

创新教学 （10分）	有独特的教学风格,在教学设计,课件制作等方面有独到之处。	
教师点评		总分

【活动后记】

以2008届学生为例,开展了全体学生都参与其中的班级语文小讲师展示课,达到了教师和学生双赢的目的。

首先是语文学习水平有提高。班级在2011年初中毕业升学考试中,语文平均分达到103.68分(满分120分)。

其次是语文综合素养有提升。学生在活动中增加了兴趣,提升了能力,增强了语文学习的积极性、主动性,掌握了语文学习的方法和途径。大家在活动中练就了扎实的语文学习基本功,听说读写、设计创新、人际沟通、思辨应变等多种能力都得到了发展。

再次是提升学生能力的同时解放了教师。初一学年,教师对学生的指导、点评、再指导的过程多,工作量大。但到初三,教师可以适当放手,发动历次比赛中的佼佼者充当活动"导师"的角色,也为学生树立了典范。随着年级的递增,教材中越来越多的内容交给学生做主讲,教师做助讲,教师在学生讲解的基础上做好拓展和延伸。这个模式,使师生之间的关系变成了真正的合作者,推进了各项工作的顺利开展。

最后是形成了班级独特的育人风格。借助语文活动,增进师生间的交流,增进学生间的互动,也为家长和学校领导走进课堂提供了方便,促进了家校共育和上下齐抓共管。活动的开展使学生真正忙起来、动起来,专注于学业,无暇于其他。浓郁的学风、良好的班风也就此形成。

综上,教育者要善于搭台子、开方子、铺路子、架梯子、压担子,抓时机去多鼓励,常坚持会创奇迹。

【学生后记】

"我是语文小讲师"一等奖得主：2008届高畅

今天，我获得了班级首届"语文小讲师"的第一名。以前我参加过那么多次演讲比赛，也得过好多证书奖状，但从来没有今天这么开心。我想这个荣誉一定是独一无二的。面对老师的赞誉和鲜红的证书，我告诉自己，必须戒骄戒躁，不断进步。

回顾这节课，我总结优缺点如下。

优点：

一是我的个人基本功不错，从小学习的口才和书法在今天有了用武之地，所以在与同学们的互动以及板书的书写上都有亮点。二是我对课堂环节很清楚，牢记着"导入新课——出示目标——讲授新课——拓展延伸——课堂总结"这几步。三是课件制作得很实用，也能通过多媒体的展示发挥出吸引同学们兴趣的作用。四是我把重点问题讲清楚了，同学们听懂了，会做习题了。

不足：

一是我还没有完全做到独立，在课堂设计和课件制作中老师和家长帮了我很多忙。二是随机应变的能力还不够，正如老师说的：同学们回答完问题，我没有及时评价。三是课堂到后面时间有点不够用，说明时间安排还不够合理。

路漫漫其修远兮，吾将上下而求索。我觉得讲好一节课的收获比上好一周课还要多，只有亲身体验过的人才会有这样的感悟。在今后的学习中除了把握每一次上台锻炼的机会外，我还要在所有学科的学习中都发挥这种主动钻研探索的精神。

"我是语文小讲师"一等奖得主：2017届邢家佳

果真是"台上一分钟，台下十年功"。老师只给我20分钟的时间，我却准备了一个星期。感受到同学们热烈的掌声，领导们赞许的目光，老师和妈妈满意的微笑，我知道，这节课，我成功了！

我讲的内容是《诗经》中的《子衿》：青青子衿，悠悠我心。纵我不往，子宁不嗣音？

我喜欢《诗经》，更喜欢《子衿》，写这个"后记"的时候，那些唯美的句子还在我耳畔回荡。我沉浸在诗歌的意境中，也沉浸在得奖的喜悦中。平静一下，盘点一下今天的得失：

授课所得：

一是心态在变：学好语文的自信心被强化了，觉得自己不仅能学好，而且能教会。好有成就感啊！我对语文的热爱又增加了，我觉得语文真是能体现个人才华的学科，任你东西南北、天文地理、古今中外，都要靠语言文字去传达。

二是能力在长：今天恰逢老师给其他两个班带课，索性给了我这个大舞台，我便有幸给三个班的学生一起上课。驾驭这么大的课堂，关照到每个班级的成员，这对我来说是极好地历练。有学校校长、主任莅临，还有其他班主任坐镇，我感觉到满满的仪式感，整个人的热情都被调动起来了。

三是方法在增：通过这节课，我知道了学习古诗的方法，也更领悟了上课之道：要抓的重点在哪里，要规避的问题在哪里。就这节课而言，亮点是导入。诗情画意的语言和画面就能吸引人的视听，加上《琵琶语》这个配乐，真是相得益彰、引人入胜。学生活动是第二个亮点，我发挥三个班同堂的优势，展开了班级和班级之间的"竞读"，让大家在读诗中感受诗的音韵美、意境美。第三个亮点是拓展延伸，集合众人智慧，提到了《诗经》中很多名篇佳句，丰富了课堂的内容和深度。第四个亮点是课堂气氛特别活跃，不沉闷，同学们参与的积极性都很高。

授课所失：

一是个人书写功底较差，板书的拙劣和课堂的唯美组合在一起有失和谐。

二是课件的制作略显烦琐，有时候心里想着课件出示的顺序和时机而忽略了教授的内容，比较分散注意力。

三是学生诵读的时候一直是配乐状态，加上课堂人多，有的地方显乱，始终缺少静静回味的过程。

四是课堂的调控能力还应该加强，上课过程中还不够放松，很多表达还不够准确到位。

机会有限，我的初中余额已经用完，虽然再没有机会站在"语文小讲师"的台上展示自我，但这次经历却让我受益颇多，对我的高中生活甚至更远的未来都有积极影响，让我永远铭记。凡是经历都是财富，不要错失每一次锻炼自己的机会。

后　　记

致班主任及语文教师们的一封信

尊敬的各位同行、战友们：

见字如面。一个连任班主任工作24年的教育老兵向大家致敬了！

致天下之治在人才，成天下之才在教化，行教化之业在教师。教师，尤其是班主任教师对学生的一生有着重要影响。若想给学生更好的教化，实现教育工作者传承文明、为国育才的价值，我们应该怎么做？

今天我略表拙见，站在班主任和语文教师的角度，就我半生的从教经历，浅谈一二，以求抛砖引玉。不妥之处，敬请批评指正。

一要树牢班级管理和语文教学相结合的意识

学校教育须五育并举，当以德育为首；学科教学要多管齐下，应以语文优先。德育不好易出危品，语文不好难成大器。语文学科的工具性、人文性决定了其独特的育人功能和基础作用，班级活动的开展又可增强语文课程实施的情境性和实践性，利于促进学生学习方式的变革。将班级管理和语文学习巧妙结合，必能相互促进，相得益彰。

二要探寻班级管理和语文教学相结合的方法

班级学情不同，教者风格各异。我们要做的是研究学生，因材施教，充分挖掘个人的潜能，发挥育人的智慧，结合实际的特点，去琢磨创新教育的模式。方法要实，科学可行有效果；方法要活，巧用机变不离宗；方法要新，与时俱进破陈规；方法要久，持续发展可利用。

三要开展班级管理和语文教学相结合的活动

活动育人，润物无声。好的活动，一举多得。但活动的开展也有讲究。目的要明确，始终指向促进语文学习、促进班级管理、促进学生个体与班级集体共成长的目标；准备要充分，保证方案翔实，预案科学，人力物力有保障；过程要严谨，反复推敲，不断改进，在每一个环节做实、做细、做精；效果要突出，要面向全体，关注全程，调动全员完成任务、达成目标。要保证教师研有所得，学生学有所长。

四要打造班级管理和语文教学相结合的亮点

我们要有职业规划，要根据具体的发展阶段和情景，制定合适的发展目标和路径，这也是告别职业倦怠的良方。所以应坚定理想信念，做到心中有梦，眼中有光，朝着"成长—成名—成家"的方向努力。讲台就是舞台，上去就要出彩。把班级管理和语文教学相结合就可以成为我们工作的亮点，成为我们出彩的地方。关键在于奋楫笃行、惟实励新、行而不辍。

五要做好班级管理和语文教学相结合的分享

分享是一种美德，也是一种担当，更是共同进步的正能量。我们也要抓住时机、创造契机多与同行们交流分享。要在交流分享中见证和思考、改进和提升，要在交流分享中引发更多人去了解体验、认同研究班级管理和语文教学相结合的意义和策略，要在交流分享中去创设和谐、生态、多元、开放、综合、实践、弹性的育人情境。

富民强国，系于教育；三尺讲台，关乎未来。让我们坚守从教初心，勇担时代重任，教研并重，守正创新，发挥学科优势和角色特点，在自己的学科领域精耕细作、精雕细琢，不断探索育人良方，努力做好学生品格、品行、品味的塑造者，努力争当学生为学、为事、为人的"大先生"！

最后，衷心祝愿大家身体健康，桃李满园！

沈晓清

2022 年 7 月 30 日　于宝清县第二中学